# 왜
# 강화도 조약은
# 불평등
## 조약일까?

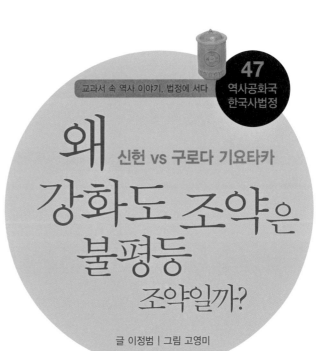

교과서 속 역사 이야기, 법정에 서다

47
역사공화국
한국사법정

# 왜
신헌 vs 구로다 기요타카

# 강화도 조약은
# 불평등
## 조약일까?

글 이정범 | 그림 고영미

㈜자음과모음

우리나라 근대사를 공부하다 보면 강화도 조약이란 말을 많이 듣
게 됩니다. 강화도 조약은 강화도에서 조선과 일본이 맺은 조약이지
요. 그런데 이 말에는 장소만 강조되어 있어서 때를 짐작할 수 없어
요. 그래서 병자년인 1876년에 맺어졌다는 뜻으로 '병자수호조약'
이라고도 합니다.

강화도 조약의 정식 명칭은 '조일 수호 조규'입니다. 여기서 수호
(修好)란 나라와 나라 사이에 사이좋게 지낸다는 뜻이니, 조일 수호
조규란 조선과 일본이 사이좋게 지내기 위해 맺은 나라 사이의 약속
이라고 볼 수 있습니다.

강화도 조약은 1876년 2월에 조선과 일본 대표가 강화도에서 협
상한 뒤 맺어진 것이지만, 그 5개월 뒤인 1876년 7월에 맺은 '조일

수호 조규 부록'과 통상 협정인 '조일 무역 규칙' 등 세 가지를 통틀어 부르는 말입니다. 그러니까 지금 역사책들에 기록되어 있는 12개 조항의 조일 수호 조규의 내용은 두 나라 사이에 어떻게 교류할 것인지 큰 틀에서 정해 놓은 것이며, 좀 더 구체적인 내용은 조일 수호 조규 부록과 조일 무역 규칙에 담겨 있는 것이죠.

강화도 조약은 조선이 역사상 처음으로 맺은 근대식 조약이라는 점에서 큰 의의가 있어요. 이 조약에 따라 조선은 부산, 원산, 인천의 세 항구를 일본에 대해 열게 되었고, 따라서 그때까지 고집스럽게 지켜 왔던 쇄국 정책은 버려지게 되었습니다. 더 나아가 몇 년 후에는 미국, 영국, 프랑스, 독일 등 수많은 서양 열강과 차례대로 통상 조약을 맺음으로써 조선은 아시아의 은둔의 나라에서 벗어나게 되었지요.

그런데 문제는 강화도 조약이 일본 측에는 유리하지만 조선 측에는 절대적으로 불리한 내용으로 이뤄졌다는 점입니다. 불평등한 조약이란 말이죠. 더구나 이 불평등한 조약의 내용은 그 뒤 서양 각국과 통상 조약을 맺을 때에도 큰 영향을 주어, 모든 조약의 내용이 조선에 불리하게 이루어지게 되었습니다. 따라서 강화도 조약은 '원조 불평등 조약'인 셈이지요.

그렇다면 왜 강화도 조약은 불평등하다는 것인지, 어떻게 맺어졌기에 불평등한 조약이 될 수밖에 없었는지 따져 볼 필요가 있겠습니다.

이런 문제를 하나하나 살펴보기 위해, 이 책은 강화도 조약의 조선 측 협상 대표였던 신헌이 원고가 되어 일본 측 협상 대표였던 구

왜 강화도 조약은 불평등 조약일까?

로다 기요타카를 고소하는 내용으로 구성되었습니다. 그런데 실제의 신헌과 구로다 기요타카는 각각 자기 나라 정부를 대신해 협상에 나섰던 관료였을 뿐, 강화도 조약에 책임과 권한을 갖지 못했습니다. 따라서 강화도 조약이 불평등한 내용으로 가득하다 해도 신헌 또는 조선 측 협상단에게 그 책임을 물을 수는 없습니다. 그렇게 해서도 안 될 일이고요.

그럼에도 신헌은 조선의 명망 높은 고관답게 강화도 조약이 체결되기까지의 과정을 일기체 형식으로 꼼꼼히 기록했는데, 그중 사라졌던 많은 부분이 최근에 발견되어 한 권의 책으로 출판되었습니다. 책이 두껍고 어려운 용어들이 많지만, 나중에 기회가 된다면 꼭 읽어 보기를 기대합니다.

자, 이제부터 강화도 조약이 정말 불평등한 것인지, 그게 사실이라면 왜 불평등하다는 것인지 살펴볼까요? 여러분 스스로가 원고인 신헌 또는 피고인 구로다 기요타카의 입장이 되어 이번 재판이 어떻게 흘러가야 할지 판결을 내려 보세요.

이정범

**차례**

10년간 집권했던 흥선 대원군이 물러나게
되자, 민 왕후를 중심으로 한 민씨 세력이
권력을 잡는다. 이러한 상황 속에서 일본
은 조선에 교섭할 것을 계속 요구하고, 통
상을 강요하기 위하여 1875년에는 운요호
사건을 일으키게 된다.

| 중학교 | 역사 | VII. 개화와 자주 운동<br>　2. 개항과 개화 운동<br>　　3) 강화도 조약의 내용과 성격은 무엇인가?<br>　　〈운요호 사건〉 |
| | | VII. 개화와 자주 운동<br>　2. 개항과 개화 운동<br>　　3) 강화도 조약의 내용과 성격은 무엇인가?<br>　　〈강화도 조약〉 |

강화도에 군함을 보내온 일본의 행동을 지극
히 야만적이라고 생각한 조선은 대화 자체를
거부한다. 반면, 일본과 통상을 하여 서양의
문물을 받아들이자는 주장도 있었다. 이러한
상황 속에서 1876년 맺은 조약이 바로 강화
도 조약이다.

흥선 대원군이 권력에서 물러나자 일본은 서구의 포함 외교를 모방하여 조선에 군함을 보내 무력시위를 벌였다. 특히 운요호는 강화도 초지진을 공격하고, 영종진에 상륙하여 군대를 파괴하고 관아와 민가를 노략질하였다. 그 후 운요호 사건을 구실로 군함을 이끌고 온 일본 대표단은 강화도에 군대를 무단 상륙시키고 개항을 요구하였다.

| | | |
|---|---|---|
| 고등학교 | 한국사 | IV. 동아시아의 변화와 조선의 근대 개혁 운동<br>2. 개항의 불평등 조약 체제<br>1) 운요호 사건 |
| | | IV. 동아시아의 변화와 조선의 근대 개혁 운동<br>2. 개항의 불평등 조약 체제<br>2) 강화도 조약을 체결하다 |

강화도 조약은 우리가 외국과 맺은 최초의 근대적 조약이지만, 불평등한 조약으로서 일본의 조선 침략의 발판이 된다. 일본의 정치, 경제, 군사적 침략 의도가 내포되어 있었기 때문이다.

| | |
|---|---|
| **1862년** | 임술민란 |
| **1863년** | 고종 즉위, 흥선 대원군의 섭정 |
| **1866년** | 병인박해, 제너럴셔먼호 사건, 병인양요 |
| **1871년** | 신미양요 |
| **1875년** | 운요호 사건 |
| **1876년** | 강화도 조약 체결 |
| **1881년** | 일본과 중국에 조사 시찰단 및 영선사 파견 |
| **1882년** | 임오군란, 흥선 대원군의 제2차 집권<br>미국, 영국, 독일 등과 통상 조약 체결<br>흥선 대원군이 청나라 톈진으로 납치됨 |
| **1884년** | 갑신정변 |

**1860년**  베이징 조약

**1868년**  일본, 메이지 유신

**1871년**  독일 통일

**1877년**  영국령 인도 수립

**1878년**  베를린 회의

**1882년**  독일, 오스트리아, 이탈리아의 삼국 동맹

**1884년**  청프 전쟁

**1885년**  청나라, 일본의 톈진 조약

**원고 신헌(1810년~1884년)**

나는 조선 후기의 무신이자 외교관이었습니다. 1875년에 일본 군함 운요호가 강화도 바다를 불법으로 점거하고 수교 통상을 요구하자, 전권 대관이 되어 일본과 협상을 벌여 조선의 개항에 중요한 임무를 수행했지요. 1876년에 일본의 대신 구로다 기요타카와 강화도 조약을 체결했고, 1882년에는 미국의 슈펠트와 조미 수호 통상 조약을 체결했습니다.

**원고 측 변호사 임예리**

미모면 미모, 변호면 변호! 뭐 하나 빠지는 게 없는 역사 공화국의 스타 임예리 변호사입니다. 조선의 입장에서 강화도 조약이 불평등했다는 것을 낱낱이 입증하고 말겠어요!

원고 측 증인 **고종**

조선 제26대 왕으로, 쇄국 정책을 폈던 아버지 흥선 대원
군과 달리 나는 개화사상을 받아들였어요. 그렇지만 일
본이 운요호 사건을 일으켜 강압적으로 조선과 조약을
체결한 것은 공정한 처사가 아니었다고 생각하오. 돌이
켜보면 아내인 명성 황후와 아버지 흥선 대원군 사이의
세력 다툼, 일본을 비롯한 열강의 내정 간섭을 겪으며 하
루도 편할 날 없는 세월을 보냈어요.

원고 측 증인 **오경석**

나는 역관으로서 조선에 최초로 개화의 바람을 일으킨
장본인이라고 말할 수 있어요. 조선 사신들을 수행해
청나라를 여러 차례 왕래하며 앞선 문물을 배워 왔고,
유대치, 박규수 대감과 함께 개화사상을 널리 전하는
데 힘썼지요. 쇄국 정책을 고집하는 흥선 대원군을 원
망했지만, 일본의 불법적인 조약도 용납할 수 없는 일
이지요.

원고 측 증인 **황현**

민씨 세도 정권이 집권하는 동안 조선은 외세의 침략과
개화 속에서 망국의 길을 걷고 있었어요. 나는 후손들
에게 이런 조선의 현실을 알려 주기 위해 『매천야록』이
라는 책을 쓰기도 했지요. 강화도 조약 이후 34년이 지
난 1910년에 조선은 한일 병합 조약을 맺고 일제의 지
배를 받게 됩니다.

**피고 구로다 기요타카**(1840년~1900년)

나는 일본의 제2대 내각총리대신이자 무관이었어요.
1868년 메이지 신정부의 군대를 지휘하기도 했으며,
미국과 유럽을 여행하면서 많은 외국인을 일본으로 초
청하는 등 일본 근대화에 힘을 썼지요. 1875년에 운요
호 사건이 일어나자 특명전권변리대신이 되어 1876년
에 조선과 강화도 조약을 체결했습니다.

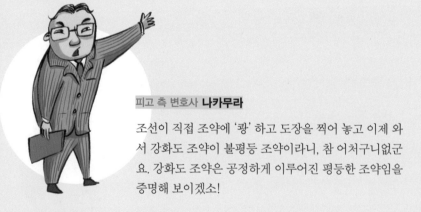

**피고 측 변호사 나카무라**

조선이 직접 조약에 '쾅' 하고 도장을 찍어 놓고 이제 와
서 강화도 조약이 불평등 조약이라니, 참 어처구니없군
요. 강화도 조약은 공정하게 이루어진 평등한 조약임을
증명해 보이겠소!

고종의 비이자 흥선 대원군의 며느리이고, 성은 민가입니다. 쇄국 정책과 왜양일체론을 폈던 시아버지 흥선 대원군과 일생 동안 갈등이 심했지요. 나는 일본을 비롯해 서양 열강과 새로운 관계를 맺어야 한다고 생각했어요. 흥선 대원군처럼 쇄국만 고집하다가는 세계정세에 뒤처질 수밖에 없지요. 하지만 일본 공사 미우라가 나를 무참히 시해한 것은, 죽어서도 분해 눈을 감을 수가 없소!

피고 측 증인 **이노우에 가오루**

일본 메이지 시대의 정치가였소. 나는 구로다 기요타카 장군과 함께 강화도 조약을 체결했어요. 이후 1884년 갑신정변 때는 일본 측 피해 배상을 규정한 한성 조약을 체결하기도 했지요. 우리가 조선을 개화했다고 해도 과언이 아니지요.

판사 **공정한**

역사공화국 최고의 판사가 되기 위해 노력하는 공정한입니다. 주로 정치적 사건을 다루고 있지요. 내 이름에 부끄럽지 않도록 재판에 공정을 기하겠습니다. 기대해 주세요.

# "조선과 일본의 강화도 조약은
# 불평등한 조약이었소"

여기는 역사공화국의 최고 번화가에 있는 법률 사무실이다.

나, 임예리 변호사. 지구 별에서 잘나가는 변호사였지만, 불행히
도 젊은 나이에 세상을 뜨고 말았다. 미인은 일찍 죽는다는 말처럼
아름다운 게 죄라면 죄지, 흥. 예쁜 데다가 똑똑하기까지 하니 내가
생각해도 정말 완벽하단 말이야. 그래서 그런가? 아직도 지구 별의
남정네들은 날 잊지 못하고 있다. 내 미모는 죽어서도 통한다니까.
호호호.

아니, 그런데 천하의 임예리가 생각만 해도 머리가 아픈 역사공
화국으로 오게 되다니! 이건 정말 참을 수 없는 모욕이다. 역사 점수
가 형편없던 내가 이런 영혼들의 나라에 왜 왔을까? 날 질투하던 여
자들이 들으면 분명히 비웃을 거야. 살아생전 내 명성에 흠집이라도

나면 어쩌나.

내가 이런저런 걱정을 하고 있을 때, 한 남자가 문을 두드리며 들어왔다.

"실례합니다. 혹시 임예리 변호사이십니까?"

나는 경계심을 늦추지 않고 그를 위아래로 훑어보았다. 키가 180센티미터가 안 되는 걸 보니 내 타입은 아니다.

"그런데요. 무슨 일로 오셨나요?"

"나는 신헌이라고 하오. 조선 후기에 여러 벼슬을 지냈지. 혹시 내 이름을 들어 보았소?"

벼슬이라고? 겉모습과 다르게 능력 있는 모양이다. 이래서 사람을 외모로 평가하지 말라고 하나 보다.

"아니요, 그런 이름은 처음인데요."

"그렇다면 강화도 조약에 대해서는 알고 있소?"

날 무시하는 것 같아서 살짝 기분이 나빠졌다. 천하의 임예리를 뭘로 보는 거야.

"당연히 알죠. 조선이 외세와 맺은 최초의 불평등 조약이잖아요."

"강화도 조약은 알면서 나는 모르오? 내가 바로 강화도 조약을 맺을 당시 조선의 협상 대표였던 신헌이라오."

잘난 척하다 큰코다친 나는 부끄러워서 얼굴이 붉게 달아올랐다.

"흥, 한번 모르는 척해 본 거예요. 그런데 강화도 조약은 영혼의 나라 시간 계산법으로 몇 년 전 일이더라? 아무튼 엄청나게 오래된 일인데, 지금 그 얘기를 꺼내시는 이유가 뭔가요?"

"역시 그대는 높은 콧날만큼 예리하군. 그래서 내가 임예리 변호 사를 찾은 거라오. 내가 일본과 협상했다는 것은 앞서 말해서 알 것 이오. 일본 협상단의 대표는 구로다 기요타카라는 사람이었지요. 구 로다 기요타카는 처음부터 끝까지 시건방진 태도로 조선을 무시하 기 일쑤였소. 그때 생각만 하면 지금도 혈압이 오른다오. 비록 조선 이 힘이 약했지만, 조선의 선비로서 어찌 그런 모욕을 참을 수 있었 겠소."

"하지만 결국 일본의 뜻대로 강화도 조약은 체결되었잖아요?"

"난 아직도 후회하고 있소. 역사에는 만약이 없다지만, 만약 구로 다 기요타카 뜻대로 되게 내버려 두지 않았다면 조선의 운명은 달라 졌을지도 몰라요. 강화도 조약은 결국 조선 침략의 발판이 되었으니 말이오. 이미 지나간 과거는 돌이킬 수 없지만, 지금이라도 구로다 기요타카의 잘못을 가려 죄책감에서 벗어나고 싶소."

신헌의 말을 듣고 나니 그의 비장한 표정이 왠지 멋있어 보였다. 어머나, 내가 미쳤나 보다. 지금 무슨 생각을 하는 거람. 나도 모르게 그의 변호를 맡고 싶어졌다.

"재판을 하려면 증거가 있어야 하는데, 시간이 많이 흘러 증거가 있을지 모르겠네요."

"내 기억이 가물가물해서 나중에 까먹을까 봐 그때 일어났던 일 을 꼼꼼히 기록해 놓았지요. 이 책을 읽어 보시오. 『심행일기』라는 책이오. 그리고 들리는 소문에 의하면, 나카무라가 구로다 기요타카 의 변호를 맡았다고 하는구려. 그럼 난 임예리 변호사만 믿고 이만

첫! 진작에 통상을 요구했을 때 말을 들었더라면 우리도 포를 쏘지는 않았을 거라고!

강화도 조약은 일본이 군대를 동원해 체결한 불평등 조약이오!

피고 구로다 기요타카

원고 신헌

물러가겠소. 조만간 연락할 테니, 그동안 철저히 준비해 주시오."

나카무라는 승리를 위해서는 비열한 짓을 서슴지 않는 변호사다. 키 작고 못생긴 건 참을 수 있어도 나쁜 짓 하는 건 절대 용서 못하지. 신헌 대감의 한을 풀고, 나카무라의 오만함을 꺾어 줄 기회가 찾아왔다.

역사공화국에서는 국적이 달라도 말이 통하니 다행이었다. 할 줄 아는 일본어라고는 '아리가토'가 전부이기 때문이다. 역사공화국과 같은 영혼의 나라가 고맙게 여겨지는 순간이다.

내 미모를 걸고 이번 재판을 승리로 이끌겠어!

# 일본의 개항, 조선의 개항

우리의 이웃나라인 일본은 16세기에 처음으로 기독교를 접하게 됩니다. 바로 내항한 포르투갈인과 에스파냐인을 통해서였지요. 이때 유럽의 화약과 총도 처음으로 받아들이게 됩니다. 하지만 일본도 개항에 처음부터 호의적이었던 것은 아닙니다. 특히 17세기에 성립한 에도 막부는 쇄국 정책을 실시하였습니다. 자신의 정권을 안정시키고 대외 무역을 독점하기 위해서 말입니다. 당연히 서양의 문화인 기독교도 금지하였지요. 하지만 이때 네덜란드 상인은 내항하는 것을 허락해 주었습니다. 기독교를 전파하는 선교 활동을 하지 않았기 때문에 에도 막부에서 그들까지 막지는 않은 것입니다. 이렇게 일본에서 무역 활동을 시작하게 된 네덜란드는 일본에 많은 서양 문물을 전해 주었고, 일본은 네덜란드를 통해 서양 문물을 받아들이며 '난학'이라는 새로운 학풍을 형성합니다.

이러한 와중에 일본은 미국과 1854년에 '미일 화친 조약'을 맺게 되고, 다른 서양 열강들과도 차례차례 불평등 조약을 맺게 됩니다. 열강과의 여러 차례의 전쟁에서 서양 세력의 강함과 그들 무기의 우수함을 알게 되었기 때문이지요. 이후 일본은 에도 막부가 무너지고 천황 중심의 신정부를 수립하게 됩니다. 새로이 들어선 정부는 일본을 근대 국가로 바꾸기 위해 개혁을 추진하고, 적극적으로 서양의 문물을 받아들여 근대화를 추진해 나갑니다.

　일본의 이러한 변화는 조선의 개항에 큰 영향을 미치게 됩니다. 왜냐하면 메이지 유신 이후 일본 정부 내에서 조선을 정벌하자는 '정한론'이 제기되었기 때문입니다. 안으로 힘이 커져 가자 대외적으로 뻗어 나가고자 하는 힘이 커지게 된 것이지요. 일본 내부에서도 많은 반발이 있었지만, 결국은 조선으로 눈을 돌리게 됩니다. 여기에는 메이지 유신에 대한 국내의 불만을 밖으로 돌리고자 했던 측면도 적지 않았습니다. 결국 일본은 운요호 사건을 일으켜 조선을 개항시키고 조선을 수탈할 구실을 만들게 됩니다.

| | |
|---|---|
| 원고 \| 신헌 | 대리인 \| 임예리 변호사 |
| 피고 \| 구로다 기요타카 | 대리인 \| 나카무라 변호사 |

## 청구 내용

　조선을 지키는 무신이었던 저는 1866년 강화도를 침략한 프랑스군과 맞서 싸웠습니다. 프랑스군은 엄청난 함대를 이끌고 쳐들어왔습니다. 최신식 무기를 갖춘 프랑스군을 격퇴하는 것은 힘든 일이었지만, 군사들과 힘을 모아 결국 프랑스군을 무찌르는 성과를 이뤄 냈습니다. 저는 여러 전투를 통해 외세의 침략 야욕을 알게 되었습니다. 1875년에 일어난 운요호 사건은 그것을 보여 주는 대표적인 사건입니다. 조선은 일본의 무력에 꼼짝없이 당하고 말았습니다. 안타깝게도 조선은 일본과 맞설 힘이 없었던 것입니다.

　일본은 운요호 사건을 계기로 사신을 보내 협상할 것을 요구했습니다. 저는 고종 황제의 명을 받들어 일본 협상단의 대표인 구로다 기요타카와 협상을 벌이게 되었습니다. 하지만 그것은 협상이 아니었습니다. 구로다 기요타카가 일방적으로 일본에 유리한 조건만을 내세웠기 때문입니다. 구로다 기요타카는 12개의 조항을 내걸고, 만약 서명하지 않으면 조선을 침략하겠다는 협박까지 서슴지 않았습니다. 저는 갈등에 빠졌습니다.

　결국 강화도 조약으로 인해 일본의 침략이 심화되었고, 조선은 서양

강국들의 각축장이 되었습니다. 뿐만 아니라 강화도 조약은 끝내 일제의 식민 통치를 받게 되는 출발점이 되기도 했습니다. 강화도 조약은 조선 최초로 외국과 맺은 근대식 조약이자 대표적인 불평등 조약으로 손꼽히고 있습니다. 따라서 저는 불평등 조약에 나섰던 조선의 협상 대표로서 오명을 씻기 위해 피고 구로다 기요타카를 협박죄 및 강요죄로 고소하며, 이에 대한 정신적 손해 배상을 청구합니다.

---

## 입증 자료

- 중학교 역사 교과서
- 고등학교 한국사 교과서
  그 외 자료 추후 제출하겠음.

위 청구인 신헌

역사공화국 한국사법정 귀중

# 일본은 왜 강화도 조약을 맺으려 했을까?

1. 대원군의 하야와 민씨 세도 정권 수립
2. 일본의 끈질긴 개항 요구
3. 운요호 사건은 왜 일어났을까?

# 1

# 대원군의 하야와
# 민씨 세도 정권 수립

어느 날, 역사공화국이 발칵 뒤집혔다. 임예리 변호사와 나카무라 변호사가 법정에서 한판 붙는다는 소식 때문이었다. 방송과 신문은 이 빅뉴스를 떠들썩하게 보도했고, 강화도 조약은 인터넷 실시간 검색 순위 1위에 오르기도 했다.

드디어 첫 번째 재판이 열리는 날. 많은 기자들이 법원으로 속속 몰려들었다. 멀리 임예리 변호사와 의뢰인인 신헌 대감의 모습이 보이자, 법원 앞은 순식간에 아수라장이 되었다.

"임예리 변호사님, 이번 재판의 승리를 확신하십니까?"

"나카무라 변호사를 어떻게 상대하실 생각이십니까?"

기자들은 두 사람을 둘러싸고 질문을 던지기 시작했다. 기자들의 목소리와 카메라 셔터 소리가 뒤엉켜 법원은 시장 바닥을 연상케 했

왜 강화도 조약은 불평등 조약일까?

다. 하지만 임예리 변호사가 누군가. 그녀는 승리를 자신하는 미소
를 던지고는 법원 안으로 획 들어가 버렸다.

법정에 들어간 임예리 변호사는 먼저 와 있던 나카무라 변호사와
마주쳤다.

"말로만 들었는데, 실제로 보니 더 미인이시군요."

나카무라 변호사가 아는 척을 했다.

"흥, 그런 말 할 시간에 자료나 더 보시죠."

"하하하. 그 당당함이 언제까지 갈지 지켜보겠습니다."

그때 판사가 법정 안으로 들어오자, 임예리 변호사는 나카무라 변호사를 째려보며 원고석에 앉았다.

나카무라 변호사도 구로다 기요타카와 함께 피고석에 앉았으며 방청객들도 각각 자리에 앉아 재판이 시작되기를 기다리고 있었다. 법정에 무거운 기운이 감돌았다.

**판사** 지금부터 재판을 시작하겠습니다. 이번 재판은 강화도 조약에 관련된 것입니다. 먼저 원고 측 변호인, 구로다 기요타카를 고소한 이유를 설명하세요.

**임예리 변호사** 존경하는 판사님, 이번 소송은 강화도 조약이 불평등한 조약이었음을 밝히기 위해 제기되었습니다. 먼저 당시 조선의 상황을 이해할 필요가 있습니다. 조선은 흥선 대원군의 쇄국 정책으로 외국과의 교류가 끊어진 상태였습니다. 반면 일본은 서양의 앞선 문물을 받아들이면서 근대화를 이룩해 나갔습니다. 일본은 조선에 여러 차례 교류를 요청했지만, 그때마다 흥선 대원군은 번번이 거절하였습니다. 그사이 일본에서는 조선을 무력으로 정복해야 한다는, 이른바 ▶'정한론'이 힘을 얻고 있었습니다. 조선이 개항을 거부하고 있었기 때문에, 일본은 이를 트집 잡기 시작합니다. 결국 일본은 군함 운요호를 이끌고 강화도 앞바다로 쳐들어옵니다.

**판사** 배를 끌고 쳐들어왔다는 거로군요.

**임예리 변호사** 그렇습니다. ▶▶일본군은 최신식 근대 무

교과서에는

▶ 일본 정부는 정한론을 선전하기 위해 국민들에게 조선 침략을 논의하는 일본 정객들의 모습이 담긴 그림을 나누어 주기도 했습니다.

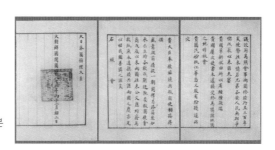

1876년(고종 13) 조선과 일본
간에 체결된 강화도 조약

기로 조선군을 공격하고, 주민들을 학살하는 등의 만행을 저질렀습
니다. 문호를 개방하지 않으면 침략하겠다는 협박도 서슴지 않았습
니다. 만약 조선이 일본의 뜻에 따르지 않으면 그 뒤의 일은 불 보듯
뻔한 일이었습니다. 조선은 일본과 맞서 싸울 힘이 없었기 때문에
전쟁이 일어난다면 엄청난 피해를 입을 게 분명했습니다. 이러한 불
리한 상황에서 조선은 어쩔 수 없이 일본과 강화도 조약을 맺은 것
입니다. 강화도 조약이 불평등한 조약이라는 이유가 바로 이 때문입
니다.

**판사**     그에 대해 간단히 설명해 주시겠습니까?

**임예리 변호사**     조약의 내용은 일방적으로 일본에게 유리
하게 되어 있었습니다. 그래서 강화도 조약은 일본의 조선
침략을 정당화하는 도구로 이용되었습니다. 이는 후에 조
선이 일제 식민지가 되는 비극을 초래합니다. 뿐만 아니라
강화도 조약을 계기로 조선은 서양 여러 나라와도 불평등
조약을 맺게 되는데, 이로 인해 조선의 지하자원과 각종
시설의 이권을 다른 나라들에게 빼앗기게 되었습니다. 따

교과서에는

▶▶ 1875년 8월 일본에서
파견한 운요호는 허락도 없
이 강화도에 다가옵니다.
강화 수비대가 위협 포격을
가했는데도 불구하고 운요
호는 포격을 해 오고, 해병
대를 상륙시켜 살인과 약탈
과 방화를 했습니다.

라서 강화도 조약은 일본의 침략 의도가 담긴 불평등한 조약이라는 것이 우리 원고 측의 주장입니다.

이에 이런 불평등한 조약을 주도한 일본 협상단의 대표 구로다 기요타카를 고소합니다. 존경하는 판사님, 당시에 조선이 어쩔 수 없이 조약에 나서기는 했지만 그것은 결코 조선에서 원한 것이 아닙니다. 판사님은 조선이 처해 있던 상황을 잘 고려해 주시기 바랍니다. 판사님의 현명한 판단을 기대합니다.

**판사**　원고 측 변호인의 청구 이유를 잘 들었습니다. 당시 조선은 상당히 복잡한 상황에 놓여 있었군요. 그럼 원고에게 발언 기회를 주겠습니다. 원고는 간단하게 자기소개를 하십시오.

원고 신헌은 자리에서 벌떡 일어나 법정을 한번 둘러보았다. 재판장에 있는 모든 사람들이 자기를 보고 있다고 생각하니 식은땀이 흘렀다. 임예리 변호사가 침착하라는 신호를 보내자, 크게 심호흡을 한 뒤 입을 열었다.

**신헌**　나는 1810년 충청북도 진천군에서 태어났습니다. 우리 가문은 대대로 무신 벼슬을 해서, 할아버지와 아버지 모두 무관이셨지요. 그 영향을 받아 나도 무신의 길을 걷게 되었고, 실력을 인정받아 삼도 수군통제사의 자리까지 올랐습니다. 임진왜란 때 이순신 장군이 바로 삼도 수군통제사였다는 건 모두 아실 거예요. 그 후 나는 홍선 대원군의 신임을 받아 판서직을 맡기도 했습니다. 오늘 재판의 안건인 강화도 조약에는 전권 대관으로 참여했습니다. 협상은 강화도 **연무당**에서 진행되었지요.

**판사**  무신의 최고 높은 자리까지 올랐군요. 무신인 원고가 협상에 참여한 이유가 무엇입니까? 보통은 지위가 높은 문신이 협상에 나서야 하는 게 아닙니까?

**신헌**  나는 비록 무신이지만 평소에 **실학**에 관심이 많았어요. 또, 유학자였지만 조선이 발전하려면 다른 나라의 앞선 문물을 배워야 한다고 생각했지요. 그래서 개화파인 박규수 대감과 이야기를 나누며 조선의 앞날을 걱정하기도 했어요.

일본이 운요호 사건을 빌미 삼아 회담을 요구해 오자 조정은 혼란에 빠졌습니다. 부랴부랴 대책을 마련한 끝에 박규수 대감이 날 추천한 것이지요. 조정에서는 이런 외교 문제에 대해 전혀 대비하지 못했기 때문에 당황스러워했어요. 더구나 당시 대신들은 어느 누구도 근대적인 외교 협상에 관한 지식이나 경험을 갖지 못했어요. 그러니 문신이든 무신이든 협상을 유리하게 끌고 갈 대신이 필요했던 것이지요.

**판사**  그래서 원고가 강화도 조약의 전권 대관으로 임명되셨군요. 그런데 여기서 한 가지 짚고 넘어갈 게 있군요. 아까부터 원고 측이 운요호 사건을 언급하는데, 운요호 사건이 강화도 조약과 관련이 있습니까?

**연무당**
연무당은 군사들이 무술을 연마하며 훈련하던 곳이었는데, 지금은 그 터만 남아 있지요.

**실학**
원래의 의미는 '실제로 소용되는 학문'을 가리키지만, 여기서는 조선 시대에 실생활의 유익을 목표로 했던 새로운 학풍을 가리키는 것으로 봐야 합니다. 17세기부터 18세기까지 융성한 학문으로, 실사구시와 이용후생을 중요하게 여겨 기술의 존중과 국민 경제 생활의 향상에 대하여 연구하였습니다.

강화도 조약이 체결된 연무당

강화도 앞바다에 불법으로 침입한 일본 군함 운요호

**임예리 변호사**　판사님! 운요호 사건은 강화도 조약을 맺게 된 직접적인 원인이 되었습니다. 그렇기 때문에 강화도 조약이 불평등했음을 밝히는 데 중요한 역할을 할 것입니다.

**판사**　그렇군요. 혹시 모르는 방청객을 위해 운요호 사건이 무엇인지 간략하게 설명해 주십시오. 저도 한국사를 공부한 지가 오래되어 기억이 가물가물하군요.

**임예리 변호사**　한마디로 일본 군함 운요호가 강화 앞바다에 불법으로 침입한 사건을 말합니다. ▶당시 조선은 흥선 대원군이 물러나고 민 왕후의 친정 식구들인 민씨 정권이 집권하고 있었습니다. 민씨 정권은 흥선 대원군의 쇄국 정책이 잘못된 것이라고 여겨 개항을 하려고 했지만, 아직 준비가 안 되어 있었어요. 그래서 고종은 아버지 흥선 대원군이 집권했을 때처럼 조선의 해안을 철저히 지키게 했는데, 그때 운요호가 불법적으로 조선의 동남 해안에 나타나 무력시위를 벌였고 얼마 후엔 강화 해협을 침범했던 것입니다.

**판사**　잘 알겠습니다. 그러니까 일본이 무력으로 협박을 했다 이거지요?

판사의 말이 끝나기가 무섭게 구로다 기요타카가 발끈하며 일어났다.

교과서에는

▶ 흥선 대원군이 10년간의 집권을 내려놓고 물러나자 조선의 정권은 왕비를 중심으로 한 민씨 일파가 잡게 됩니다.

**구로다 기요타카**   협박이라니요! 판사님은 지금 원고를 일방적으로 편드는 것입니까?

**임예리 변호사**   판사님, 지금 피고는 신성한 법정을 모독하고 있습니다.

**판사**   동감입니다. 피고에게 경고합니다. 앞으로 법정을 비하하는 말을 함부로 한다면 퇴장시키겠습니다.

**나카무라 변호사**   구로다 기요타카 장군이 이런 재판을 처음 받다 보니 많이 긴장하셨나 봅니다. 판사님이 바다 같은 마음으로 너그럽게 이해해 주십시오.

나카무라 변호사는 상황을 수습하기 위해 진땀을 뺐다. 그 모습을 본 임예리 변호사는 고소하다는 듯이 웃었다.

**판사**   흠……. 앞으로 주의하세요. 그럼 다시 원고 측의 진술을 이어 갑시다.

**임예리 변호사**   판사님, 이번 재판의 핵심은 전권 대관으로서 일본과 협상한 신헌 대감이 왜 구로다 기요타카를 고소하였는가에 있습니다. 원고가 그 이유를 진술하게 해 주십시오.

**판사**   인정합니다. 원고에게 발언권을 드리겠습니다.

**신헌**   나는 아직도 후회하고 있습니다. 만약 내가 전권 대관으로 임명되는 것을 사양하고 강화도 조약을 맺지 않았다면 일본 뜻대로 되지는 않았을 거예요. 구로다 기요타카는 이 협상이 조선의 발전에

비하
업신여겨 낮춰 말하는 것입니다.

수습
어수선한 사태를 거두어 바로잡는 것입니다.

큰 도움이 될 것이라 했지만, 모든 것이 거짓이었어요. 강화도 조약은 일본이 침략의 야욕을 채우는 데 수단으로 이용되었을 뿐이외다. 그래서 지금이라도 억울함을 풀고 구로다 기요타카의 잘못을 따지려 하오.

신헌 대감의 말이 끝나자 방청석이 술렁이기 시작했다. 모두들 놀랍다는 표정이었다.

"아니, 그럼 구로다 기요타카가 사기를 친 거야?"

"불쌍한 신헌 대감……, 얼마나 마음고생이 심했을까?"

"아직 재판이 끝난 게 아니니 더 지켜보자고."

판사 　조용, 조용하세요! 피고 측 변호인, 원고의 말에 반론하시겠습니까?

나카무라 변호사 　원고의 말은 사실과 다릅니다. ▶강화도 조약 12개 조항 중 첫 번째 항목을 보면, "조선은 자주국으로 일본과 평등한 권리를 가진다."라고 되어 있습니다. 이것만 보더라도 조선을 하나의 국가로서 존중했다는 것을 알 수가 있죠.

구로다 기요타카 　신헌 대감은 나와 다 합의해 놓고 왜 이제 와서 딴소리를 하시오? 매우 섭섭합니다.

임예리 변호사 　합의한 것이 아니지요. 피고가 신헌 대감을 협박하지 않았습니까?

판사 　협박이라뇨? 그게 무슨 소리입니까?

교과서에는

▶ 12개조로 되어 있는 강화도 조약에는 "조선은 자주국이며, 일본과 평등한 권리를 가진다."는 내용 외에도 "일본 정부는 15개월 후 사신을 한성에 파견한다.", "조선국 해안을 일본국의 항해자가 자유로이 측량하도록 허가한다." 등의 내용이 담겨 있습니다.

**임예리 변호사**    협상은 상대방과 동등한 위치에 서서 서로 만족할 만한 조건을 약속하는 게 아닐까요? 하지만 일본은 무력을 이용해 조약 체결을 강요했습니다. 구로다 기요타카 장군은 조약 체결이 안 되면 군대를 보내 조선을 침략하겠다고 위협했습니다. 또, 회담에 앞서 함포 사격을 하는 등 험악한 분위기를 조성했습니다. 이것이 나카무라 변호사가 말하는 동등한 위치입니까?

**나카무라 변호사**    판사님! 지금 임예리 변호사는 허위 사실을 유포하고 있습니다. 함포 사격은 단지 훈련이었을 뿐입니다. 사격을 하기 전에 미리 조선에 알렸습니다.

**임예리 변호사**    거짓인지 아닌지는 두고 보면 알겠죠. 판사님, 증거물로 『심행일기』를 제출합니다.

**판사**    이것은 책이 아닙니까?

**임예리 변호사**    정확히 보셨습니다. 이것은 신헌 대감이 회담 당시 있었던 일을 상세하게 기록한 책입니다. 이 책을 보시면 신헌 대감과 구로다 기요타카가 나눴던 대화는 물론이고 당시 강화도와 조선 정부의 사정, 구로다 기요타카의 협박 내용이 자세히 적혀 있습니다.

**판사**    오호라! 날짜와 장소가 적혀 있는 걸로 봐서 꽤 정확한 자료 같군요. 증거물 신청을 인정합니다. 증거물은 재판 결과에 유리하게 작용할 수 있습니다. 피고 측 변호인도 인정하십니까?

**나카무라 변호사**    끙…….

**유포**
세상에 널리 퍼뜨리는 것입니다.

**『심행일기』**
조선 후기에 쓰인 필사본으로, 조선의 교섭 대표인 신헌이 강화도 조약 체결의 모든 것을 기록한 일기입니다. 일기가 쓰인 기간은 일본 측이 협상을 요구해 온 1875년 12월 25일부터 조약이 체결되고 나서인 1876년 2월 5일까지입니다.

나카무라 변호사가 할 말을 잃고 울상을 짓자 방청객석에서 박수가 터져 나왔다.

신헌 대감은 엄지를 치켜들며 임예리 변호사를 칭찬했다.

"내가 준 책을 증거물로 쓸 거라고는 생각도 못했소. 나카무라 변호사가 꼼짝을 못하는군."

"후후, 공부 좀 했죠. 하지만 방심해선 안 돼요."

**판사** 그런데 원고에게 궁금한 점이 있습니다. 원고는 강화도 조약 체결을 전적으로 혼자서 결정한 것입니까?

**신헌** 물론 아닙니다. 내가 조선 협상단의 대표이긴 했으나 그런 중대사를 혼자 정할 수는 없는 노릇이지요. 나는 회담 내용을 빠짐 없이 적어서 상소를 올렸어요. 조정에서는 일본의 요구를 받아들일 지에 대해 논의했지만 결정이 나지 않았어요. 많은 신하들이 일본과 수교하는 것에 반대했기 때문이지요. 최익현 대감이 도끼를 들고 대궐문 앞에 엎드려 반대 상소를 올린 일은 유명하지 않습니까? ▶최익현 대감을 비롯한 유림 세력은 강화도 조약이 조선에 해를 입힐 거라며 강력하게 반대했어요. 유학자의 한 사람이었던 나 역시 일본의 계략을 눈치챘지요.

**판사** 하지만 결국 조약이 체결되지 않았습니까?

**신헌** 그랬지요. 아마 고종 임금과 명성 황후의 영향이 크게 작용했을 겁니다.

**판사** 고종이라면 쇄국 정책을 펼친 흥선 대원군의 아들

교과서에는

▶ 조선 정부는 일본의 위협적인 행동에 그들을 비난하며 대화를 거부했습니다.

일본과의 조약 체결은 조선을 팔아넘기는 것과 다를 바 없소. 결사반대!

최익현 선생은 상소를 올린 일로 흑산도로 유배당합니다.

아닙니까? 참 복잡하게 돌아가는군요. 무슨 일이 있었는지 좀 더 구체적으로 설명해 주시겠습니까?

**임예리 변호사**　그 부분에 대해서는 제가 설명하겠습니다. 예부터 조선과 일본은 바다를 통해 무역을 해 왔습니다. 임진왜란 이후에는 일부 항구만 개항해 교류를 계속했지요. 그런데 흥선 대원군이 집권한 뒤에는 상황이 달라졌습니다. 흥선 대원군은 외국과의 교류를 일체 금지했는데, 일본도 예외가 아니었어요. 그러자 일본은 무력으로 조선을 침략하려고 했지요.

　마침 흥선 대원군이 하야하고 민씨 세도 정권이 들어서게 됩니다.

**하야**
'아래 하(下)'에 '들 야(野)'를 써서 시골로 내려간다는 뜻으로, 관직이나 정계에서 물러남을 이르는 말입니다.

개화
사람의 지혜가 열려 새로운 사
상, 문물, 제도 따위를 가지게 되
는 것을 말합니다.

민씨 세도 정권은 일본과의 충돌을 두려워해 양국 간의 갈등을 해소하려고 했습니다. 많은 관리들이 반대했음에도 강화도 조약을 체결하게 된 것도 그 때문입니다.

**나카무라 변호사**　이의 있습니다. 민씨 정권이 일본과 협상한 이유는 조선을 개화시킬 필요가 있었기 때문입니다. 자세한 내막을 알아보기 위해 명성 황후를 증인으로 신청합니다.

**판사**　증인의 말을 들어 봐야 할 것 같군요. 좋습니다. 증인은 나와서 선서하세요.


　　우아하게 황후가 입는 옷을 차려입은 명성 황후가 나와 선서를 했다.


**명성 황후**　조선 왕조의 명예를 걸고 거짓 없이 말할 것을 맹세합니다.

**나카무라 변호사**　선뜻 나와 주셔서 감사합니다. 증인께선 흥선 대원군에 대해 잘 알고 계시겠지요?

**명성 황후**　흥선 대원군은 저의 시아버지시잖아요. 그러니까 잘 안다고 할 수 있죠.

**나카무라 변호사**　흥선 대원군은 어떤 분이셨죠?

**명성 황후**　고집과 자존심이 센 분이셨어요. 처음에는 그 점이 장점으로 작용했어요. ▶양반에게도 세금을 물리게 한 세제 개혁과 서원 철폐 등 고집으로 밀어붙인 일이 백성들

교과서에는

▶ 흥선 대원군은 여러 가지 특권을 누려 국가 재정을 어렵게 하고 백성을 괴롭혀 온 서원들을 정리했습니다. 또한 왕실의 권위를 세우기 위해 임진왜란 때 불탄 경복궁을 중건했지요.

의 지지를 받았죠. 하지만 나중에는 고집이 점점 심해지는 것 같았어요. 일본 정부는 조선과 여러 차례 교류하려고 시도했지만, 흥선 대원군은 번번이 거부했어요.

**나카무라 변호사**　흥선 대원군이 일본과 교류하는 것을 거부한 이유가 있었을 텐데요?

**명성 황후**　흥선 대원군은 강력한 쇄국 정책으로 프랑스, 미국의 침략을 막아 냈어요. 하지만 일본은 미국에 굴복하여 미일 수호 통상 조약을 맺고 개항했죠. 그걸 계기로 일본에서는 메이지 유신이 일어나 개혁을 추진해서 근대화를 이룩해 냈어요.

**판사**　메이지 유신에 대해서 구체적으로 설명해 주시겠습니까?

**명성 황후**　아이 참, 판사님도, 역사 공부 좀 하셔야겠어요.
　메이지 유신이란 국가 체제가 천황 중심으로 바뀐 뒤 추진된 개혁을 말해요. 메이지 유신 전에는 무사들이 나라를 다스렸거든요. 그러다가 메이지 정부가 세워져 천황은 절대적인 권력을 행사하게 됐고 본격적인 개혁이 시작됐죠. 그러니 자존심 강한 흥선 대원군이 얼마나 기분이 나빴겠어요.

**나카무라 변호사**　흥선 대원군의 쇄국 정책이 더 심해졌겠군요.

**명성 황후**　그렇다고 할 수 있죠. 일본은 미국과 조약을 체결한 뒤 영국, 러시아, 네덜란드, 프랑스 등 서양 열강들과 차례로 수교했어요. 이를 두고 흥선 대원군은 일본도 서양과 손잡았으니 오랑캐 놈들이라고 역정을 냈지요. 일본도 서양과 다르지 않다는 이른바 '왜양일체론'이죠.

**나카무라 변호사**　　그래도 개화를 하자는 사람도 있었을 텐데요?

**명성 황후**　　흥선 대원군이 집권한 10년 동안은 개화파들에겐 가시 방석이나 다름없었죠. 흥선 대원군 앞에서 개화라는 말을 꺼냈다가는……. 어휴, 말도 마세요. 그 매서운 두 눈을 부라리면서 "네놈도 서양 오랑캐 편을 드는 역적이구나!"라고 호통을 치는데 어찌나 무서운지…….

**나카무라 변호사**　　그럼 흥선 대원군이 하야할 때까지는 개화하려는 움직임이 없었나요?

　　왜 강화도 조약은 불평등 조약일까?

**명성 황후**　　아뇨, 꼭 그런 것만은 아녜요. 박규수 대감은 청나라에 사신으로 갔다가 양무운동에 감명을 받아 개화의 필요성을 느꼈다고 했어요. 양무운동은 청나라에서 일어난 근대화 운동인데, 서양 문물을 받아들여 부국강병을 이루려는 목적으로 추진되었죠. 박규수 대감은 조선이 힘을 키우려면 청나라처럼 개화를 해야 한다고 했어요.

**나카무라 변호사**　　하지만 흥선 대원군은 계속 쇄국 정책을 고집했지요?

**명성 황후**　　▶일본이 교류를 요구했지만 대원군은 계속 거부했어요. 아예 국교를 단절하려고 작정한 것처럼 보였다니까요. 일본의 힘은 점점 커지고 있는데 흥선 대원군만 모르는 것 같았어요. 무슨 고집이 그렇게 센지 원……. 일본을 배척해야 할 오랑캐라고 하니 일본 입장에서는 얼마나 화가 났겠어요! 그러자 일부에서는 일본이 조선을 침략하는 게 아니냐는 우려의 목소리가 터져 나왔어요. 만약 최신식 무기로 무장한 일본군이 쳐들어오기라도 한다면 어떻게 막을 거냐고요.

**나카무라 변호사**　　흥선 대원군이 하야한 뒤에는 상황이 어떻게 바뀌었나요?

**명성 황후**　　흥선 대원군이 물러나자 드디어 개화의 바람이 불기 시작했어요. 박규수 대감을 비롯해 오경석, 유대치 등 개화사상의 선구자들이 서양의 앞선 제도와 기술을 적극적으로 받아들여야 한다며 교류를 건의했지요.

교과서에는

▶ 메이지 유신을 통하여 새로운 국가 체제를 갖추게 된 일본은 조선에 통상을 요구합니다. 하지만 조선 정부는 이를 거부하지요.

**나카무라 변호사**     증인은 어떤 입장이었지요?

**명성 황후**     저도 일본을 비롯해 서양 열강과 새로운 관계를 맺어야

한다고 생각했어요. 흥선 대원군처럼 쇄국만 고집하다가는 세계정

세에 뒤처지거든요. 세계는 빠르게 변화하고 있었고, 조선도 그 흐

름에 맞춰 가야 했어요. 일본이 개항하자는 데 거절할 이유가 없잖

아요? 그래서 강화도 조약에 찬성하게 된 거예요.

**나카무라 변호사**     존경하는 판사님! 증인의 말대로입니다. 강화도

조약은 조선의 개화에 도움을 주면 주었지 후퇴시키지는 않았다 이

말입니다. 강화도 조약은 조선이 맺은 최초의 근대적 조약이기도 하

    왜 강화도 조약은 불평등 조약일까?

고, 그 조약이 계기가 되어 다른 나라와도 조약을 맺었으니까요. 흥선 대원군의 쇄국 정책으로 굳게 갇혀 지내던 조선에 근대화의 움직임을 가져다준 것이 바로 강화도 조약입니다. 이상으로 증인 신문을 마치겠습니다.

정계

정치에 관련된 일에 종사하는 조직이나 그러한 분야를 가리키는 말입니다.

판사     원고 측 변호인, 반대 신문 하시겠습니까?

임예리 변호사     네. 증인은 조선이 개화할 필요가 있어서 강화도 조약을 맺었다고 했습니다. 하지만 증인이 일본의 요구를 받아들인 것은 민씨 세도 정권을 지키기 위해서가 아니었던가요?

명성 황후     아니, 그게 무슨 자다가 떡 먹는 소리예요?

임예리 변호사     증인은 흥선 대원군이 하야하자 이때다 하고 친정 식구들을 정계에 진출시키지 않았습니까? 증인이 민씨 세도 정권의 우두머리라는 것은 누구나 아는 사실입니다.

명성 황후     지금 날 여기다 세워 놓고 비난하겠다는 거예요?

임예리 변호사     전 사실을 묻는 것입니다. 일본이 조선을 침략해 오면 민씨 세도 정권이 무너질까 두려워서 일본의 요구를 들어준 게 아닙니까?

명성 황후     그럼 내가 꼭두각시라는 거예요? 일본의 위협이 무섭긴 했지만, 당시 조선은 정말로 개화할 필요가 있었어요. 아까도 말했지만 박규수 대감도 그렇게 주장했고요.

임예리 변호사     좋아요. 그럼 그렇다고 치죠, 뭐. 그러면 하나 더 묻겠습니다. 증인은 조선의 개화를 위해 무슨 노력을 했습니까?

명성 황후     음, 그건…….

**여결**
용기가 뛰어나고 기개와 풍모가 있는 여자를 말합니다.

**임오군란**
조선 고종19년인 1882년 임오년에 구식 군대의 군인들이 신식 군대인 별기군과의 차별 대우와 밀린 급료에 불만을 품고 일으킨 난리입니다. 이를 계기로 흥선 대원군은 다시 정권을 잡게 되지요.

**판사**　증인! 구체적으로 대답하세요.

　　명성 황후가 머뭇거리자 임예리 변호사가 다시 추궁했다.

**임예리 변호사**　증인은 개화라는 명분을 내세워 자기 입맛에 맞는 관리를 임명하고 반대파를 제거하는 등 권력을 지키기에 급급했습니다. 그리고는 백성들의 세금을 받아 놀고먹지 않았습니까?

**명성 황후**　아니, 놀고먹었다니요? 조선 후기의 **여결**로 추앙받는 나, 명성 황후에게 그게 무슨 말버릇이죠?

**임예리 변호사**　놀고먹었다는 말씀은 취소하겠습니다. 민씨 세도 정권이 들어선 이후로 다시 탐관오리가 판치는 세상이 되었습니다. 백성들의 불만이 터진 사건이 바로 **임오군란**이지요. 구식 군대의 병사들이 급료를 못 받아 폭동을 일으킨 사건이었어요. 강화도 조약 이후 개화의 분위기 속에서 백성들은 점점 몰락하고 있었습니다. 일본이 무역을 핑계 삼아 어마어마한 양의 쌀을 가져갔기 때문입니다. 거기다 나라에서 걷는 세금까지 내야 했죠. 하지만 민씨 세도 정권은 백성들의 고난을 외면했습니다. 흥선 대원군이 조세 제도를 개혁하며 백성들의 요구를 들어준 것과는 다른 모습이죠. 임오군란과 같은 군인들의 봉기가 일어나지 않았더라도 백성들은 혁명을 일으켰을 겁니다. 임오군란이 크게 번진 이유도 백성들의 적극적인 지원이 있었기 때문이지요. 이래도 증인이 정치를 잘했다고 생각하십니까?

**명성 황후**    이봐요, 임 변호사, 당시의 상황을 잘 알지도 못하면서 이렇게 몰아붙여도 됩니까? 변호사라고 너무하는 거 아니에요?

명성 황후는 임예리 변호사의 쉴 틈 없는 공격에 그만 울상이 되었다.

**판사**    증인 신문을 계속할 수 없을 것 같으니 여기서 마치도록 하겠습니다. 증인은 그만 자리로 돌아가세요.

# 조선의 국모,
# 일본 낭인의 칼에 쓰러지다

1894년, 조선에서 동학 농민 운동이 발생하자 조선 정부는 위기에 처하게 됩니다. 그래서 청나라에 도움을 요청하고, 청나라는 그 요청에 따라 아산만에 군대를 보냅니다. 그리고 톈진 조약에 따라 이 사실을 일본에 알리지요. 여기서 톈진 조약이란 1885년에 청나라 톈진에서 일본과 청나라가 맺은 조약으로, 조선에 군대를 파견할 때는 서로에게 미리 알릴 것을 합의한 내용을 가리킵니다. 결국 일본은 청나라보다 더 많은 병력을 인천에 보내게 되지요.

하지만 조선에 들어온 청나라와 일본의 군대는 동학 농민군이 해산된 이후에도 철수하지 않습니다. 오히려 조선 땅에서 청일 전쟁을 일으키지요. 이 전쟁으로 백성들은 크게 고통을 겪게 되고, 결국 일본이 청나라를 물리치고 승리하게 됩니다. 이로써 조선에서 일본의 영향력은 더욱 커지게 됩니다. 이에 조선 왕실에서는 일본 세력을 누르기 위해 청나라와 계속 내통합니다. 또한 조선과 지리적으로 인접한 러시아와도 가까이 했지요. 특히 당시 왕비였던 명성 황후는 러시아를 끌어들여 일본을 견제하고자 했습니다. 이러한 명성 황후의 존재는 일본에 큰 걸림돌이 되었지요.

결국 일본은 명성 황후를 제거하려는 음모를 꾸미게 됩니다. 1895년 8월 20일 새벽, 일본의 낭인 패가 주축이 되어 경복궁으로 난입하여 궁중을 샅샅이 뒤집습니다. 당시 명성 황후는 궁녀로 변장하여 궁녀들 속에 섞여 있다가 끝내 죽임을 당하고 말지요. 왕비의 침실인 옥호루에서 일본인에 의해 처참하게 살해되고 만 것입니다. 이 사건을 '명성 황후 시해 사건' 또는 을미년에 일어났다고 해서 '을미사변'이라고 부르지요. 이 사건을 계기로 일본에 대한 조선 백성들의 반감은 극에 달하게 됩니다. 한 나라의 국모가 다른 나라의 자객에게 살해된 충격적인 사건이었기 때문입니다.

명성 황후의 국장 행렬

# 2

## 일본의 끈질긴 개항 요구

**판사**　지금까지는 증언이 분명하지 않아서 판단하기가 좀 애매하군요. 이번에는 과연 일본이 개항을 강요했는지, 아니면 조선이 자주적으로 개항한 것인지 알아보기로 하겠습니다.

**임예리 변호사**　존경하는 판사님! 일본은 끈질기게 개항을 요구했습니다. 여기서 일본이 개항을 강요한 이유를 짚고 넘어갈 필요가 있습니다. 일본은 메이지 정부가 세워진 뒤 무신 세력과 신진 세력 사이의 세력 다툼으로 갈등이 심해졌습니다. 그래서 무사들의 관심을 밖으로 돌리기 위해 다른 나라를 침략하려고 했습니다. 타이완과 조선이 그 희생양이었죠. 따라서 일본은 개항이라는 명목 아래 조선을 침략하려는 야욕을 숨기고 있었던 것입니다.

**나카무라 변호사**　개항을 강요하다니요! 먼저 일본과의 교류를 금

왜 강화도 조약은 불평등 조약일까?

지한 것은 흥선 대원군이 아닙니까? 외교는 국가 간의 신의를 바탕으로 합니다. 그런데 조선이 먼저 이 믿음을 깨버렸습니다. 과연 어느 나라가 이런 굴욕을 당하고도 가만히 있을까요?

**중재**
분쟁에 끼어들어 양쪽을 화해시
킨다는 뜻입니다.

**임예리 변호사**  그렇다면 1874년에 일본이 5000여 명의 군사를 이끌고 타이완 정벌에 나선 것도 같은 이유에서였을까요? 일본은 청나라의 힘이 약해진 틈을 타서 아무런 잘못도 없는 타이완을 정복하려고 했습니다. 비록 서양 각국의 중재로 일본의 계획은 실패로 돌아갔지만, 이 일로 일본의 야심이 드러났지요. 조선을 개화시킨다고 했지만, 목적은 바로 여기에 있었습니다.

**나카무라 변호사**  일본의 타이완 침략과 조선의 개화는 전혀 상관없는 문제입니다. 일본과 타이완은 해결해야 할 문제가 있었습니다. 타이완에서 일본의 선원이 살해되었기 때문에 그 책임을 물으려 했던 것뿐입니다.

**임예리 변호사**  나카무라 변호사와 말이 안 통하니, 이번에는 제가 다른 증인을 부를까 합니다. 강화도 조약을 체결할 당시 조선의 제26대 왕이었던 고종 임금을 증인으로 신청합니다. 고종 임금은 그 누구보다 그때의 상황을 잘 알고 있으리라 생각됩니다.

**판사**  같은 재판에 부부가 차례대로 증인으로 나오는 일도 있군요. 좋습니다. 증인은 나와서 선서하세요.

고종이 들어와 증인석에서 선서를 했다.

**임예리 변호사**　이렇게 어려운 자리에 나와 주셔서 감사합니다. 증인은 열두 살에 왕으로 즉위하여 스물두 살 청년이 되면서 친정을 선포했는데요, 부담감이 크지는 않았나요?

**고종**　아버지인 흥선 대원군보다 잘해야겠다고 생각했지요. 드디어 제 뜻을 펼칠 기회가 찾아왔으니까요. 전 아버지와는 달리 개화를 부정적으로 여기지 않았습니다. 조선을 부강한 나라로 만들기 위해선 개화도 필요하다고 생각했지요.

**임예리 변호사**　그러면 증인의 뜻대로 개화 정책을 추진했겠군요?

**고종**　그러지는 못했습니다. 제가 친정을 선포한 지 2년 만에 일본이 운요호 사건을 일으켰기 때문입니다. 솔직히 말하자면 그때 매우 놀랐습니다. 일본이 그렇게까지 세게 나올 줄은 몰랐습니다. 아버지가 물러나신 상황에서 혼자 해결해야 한다고 생각하니 앞이 깜깜했습니다. 처음 겪는 일이라서……. 아버지께선 일본을 경계하셨습니다. 그래서 일본과의 외교 활동을 일절 금하셨죠. 일본을 조심하라고 늘 당부하셨는데, 일본이 그렇게 뒤통수를 칠 줄이야…….

**임예리 변호사**　흥선 대원군이 일본과 교류를 거부한 이유가 있었을 텐데요?

**고종**　일본은 조선과 새로운 외교 관계를 맺기를 원했습니다. 그래서 조선에 사신을 보냈는데, 일본 사신이 가져온 외교 문서인 서계 때문에 아버지가 매우 노하셨어요.

**임예리 변호사**　서계에 무슨 문제가 있었나요?

고종　　서계에서 일본 왕을 천황이라고 칭하는가 하면, 황제 국가
에서나 사용하는 용어를 사용하고 있었습니다. 당시 조선은 청나라
와 군신 관계를 맺고 있었습니다. 그러니까 조선은 신하의 나라로
서 황제 국가인 청나라를 섬긴 것이지요. 그런데 일본 왕을 천황이
라고 칭한다는 게 무엇을 의미하겠습니까? 바로 일본이 조선을 신
하의 나라로 보려는 것이었지요. 자존심 강한 아버지께서 그걸 두고
볼 리가 없었죠. 나중에는 나도 청나라 황제, 일본 천황과 대등한 위
치에 서기 위해 황제라는 칭호를 사용하게 되었습니다만……

고종의 말이 끝나기가 무섭게 나카무라 변호사가 끼어들었다.

**나카무라 변호사**　그런 사소한 것을 트집 잡았단 말입니까? 그깟 호칭이 뭐 그리 대수랍니까? 홍선 대원군은 속이 좁은 사람이군요.

**고종**　사소하다니요? 먼저 관례를 어긴 것은 일본이지요. 나카무라 변호사는 외교에 대해서 잘 모르는 모양인데, 사소한 일로 틀어지는 게 바로 외교입니다.

**임예리 변호사**　증인께서 이해해 주세요. 나카무라 변호사는 외교의 '외' 자도 모릅니다.

**나카무라 변호사**　그렇게 말하는 임예리 변호사는 외교를 얼마나 잘 아는데요? 그럼 변호사 그만두고 외교관이나 하세요.

**판사**　두 분 다 그만하세요! 정말 유치하게 싸우는군요. 그리고 나카무라 변호사는 발언권을 얻고 나서 질문하세요. 증인은 계속 진술하십시오.

**고종**　서계의 잘못된 점은 그것만이 아니었습니다. 일본 사절단은 사전 양해 없이 서계의 양식을 바꾸었습니다. 바꾸려면 적어도 말은 해 줘야 하지 않나요? 일본은 조선을 얕보고 있었던 게 틀림없습니다. 그래서 아버지는 일본이 건방지다며 교류를 거부하셨지요.

**임예리 변호사**　증인의 말씀을 들으니 일본이 지나치게 일방적이었다는 느낌이 드네요.

고종　그렇습니다. 세계를 바꾸려면 미리 알려서 오해가 없도록 해야 하는데 일본에서는 그러지 않았습니다. 조선과 일본의 전통적인 외교 관례에 어긋나는 일이었지요.

임예리 변호사　증인이 친정을 선포한 뒤에는 어떻게 되었습니까?

고종　앞서도 말씀드렸듯이, 저는 아버지와 달리 개화를 해야 한다고 생각했습니다. 그래서 일본과 쌓인 오해를 풀고 다시 예전처럼 잘 지내려고 했습니다. 일본이 1874년에 타이완을 침략했다는 소식이 전해졌어요. 무척 충격적이었지요. 일본이 청나라에 도전장을 내민 것과 마찬가지였으니까요. 나는 위험을 직감했습니다. 언제라도 조선이 일본의 공격 대상이 될 수 있었기 때문이지요. 그래서 서계 거부 사건으로 비위가 상해 있는 일본을 건드리지 않기 위해 협상에 나서기로 한 겁니다.

임예리 변호사　그때의 상황을 간단히 설명해 주세요.

고종　우선 전통적으로 일본과의 외교를 담당해 온 동래부의 외교관을 처벌했습니다. 내가 아버지와 다르다는 것을 일본에 보여 주기 위해서였지요. 그리고 일본과 협상을 했는데, 일본은 외교 문서에 천황이라고 칭해도 문제 삼지 말 것을 조건으로 내세웠어요. 나는 그 요구를 받아들였습니다. 그런데 일본 사신단은, 양복을 갖춰 입고 외교 의전을 서양식으로 해야 한다며 억지를 부리는 겁니다. 그것만큼은 양보할 수 없기에 일본과 또 마찰이 빚어졌지요. 결국 협상은 결렬되었어요.

의전
행사를 치르는 일정한 법식을 말합니다.

결렬
교섭이나 회의 따위에서 의견이 합쳐지지 않아 각각 갈라서게 되는 것입니다.

**임예리 변호사**　　처음부터 일본은 협상할 마음이 없었던 게 아닐까요? 그렇지 않고서야 자꾸 조건을 바꿀 이유가 없었을 텐데요.

**고종**　　일본이 자꾸 트집을 잡으니 저도 그런 생각이 들더군요. 일본은 평화적으로 협상할 마음이 없다는 걸 짐작할 수 있었어요. 그리고 불길한 예상은 맞아떨어졌습니다. 얼마 안 가 일본이 운요호 사건을 일으킨 겁니다.

　　왜 강화도 조약은 불평등 조약일까?

# 3

# 운요호 사건은
# 왜 일어났을까?

**판사**    여기서 운요호 사건에 대해서 좀 더 자세히 짚고 넘어가야
할 것 같습니다. 임예리 변호사가 정리해 보세요.

**임예리 변호사**    감사합니다. 역시 이번 재판을 위해 열심히 공부했
다는 걸 알아주시는군요.

메이지 유신을 추진해 온 일본은 아시아에서 절대 강자가 되는 것
이 목표였습니다. 그래서 조선을 침략할 구실을 만들기 위해 1875년
에 운요호를 포함한 군함 3척을 이끌고 조선으로 쳐들어왔습니다.
이것은 명백한 불법 행위이며 양국의 평화를 깨뜨리는 일이었지요.

**나카무라 변호사**    판사님, 이의 있습니다. 일본이 처음에 운요호를
보낸 건 남해안을 측량하기 위해서였습니다. 운요호는 조선 해안을
측량한 뒤 청나라로 가는 해로를 측량하기로 되어 있었어요. 그런데

조선 수비대가 먼저 운요호를 공격한 겁니다. 그래서 운요호도 어쩔 수 없이 맞대응한 것이지요.

**임예리 변호사**　　처음엔 운요호를 비롯한 일본 군함 여러 척이 아무런 예고도 없이 부산항으로 쳐들어와 함포 사격을 하며 백성들을 놀라게 했습니다. 그래서 동래 부사가 즉시 중단하고 철수할 것을 요구했지만 일본은 거절했습니다. 조선 사람들은 임진왜란의 악몽을 떠올리며 두려움에 떨어야 했지요. 이래도 측량 핑계를 대실 겁니까? 그리고 함부로 남의 나라 영해를 측량하는 것은 주권 침해라는 걸 모르십니까? 만약 조선의 함대가 아무런 예고도 없이 일본 영해를 측량하려고 했다면 가만히 있었겠습니까?

**나카무라 변호사**　　그건…….

**임예리 변호사**　　그러니까 함부로 나서지 마세요.

　부산에서 위협을 가한 운요호는 얼마 후에 강화도 초지진까지 올라왔어요. 운요호는 초지진 한가운데에서 멈추더니 작은 보트를 내렸어요. 함장과 몇몇 군인들이 그 보트를 타고 뭍으로 다가왔지요. 그것을 본 초지진 군사들은 외국 군함이 조선을 침략한 것으로 판단해 즉시 운요호를 향해 경고 함포를 쏘았습니다. 그때는 병인양요와 신미양요를 겪은 지 몇 해 지나지 않아서 경비가 삼엄했어요. 경비를 소홀히 하는 군사는 처벌을 받았지요. 그러니까 초지

초지진

**정당방위**
자기 또는 남에게 가해지는 급박하고 부당한 침해를 막기 위해 침해자에게 어쩔 수 없이 취하는 가해 행위입니다.

**도발**
남을 집적거려 일이 일어나게 하는 것입니다.

진 군사들이 운요호에 포를 쏜 것은 적의 침략을 막으려는 정당방위였습니다.

나카무라 변호사    조선의 공격을 받고 일본군이 다쳤는데 가만있어야 했다는 말입니까? 운요호는 일장기를 달고 있었고, 따라서 운요호를 공격한 것은 일본을 공격한 것이라고 보아 마땅했던 것입니다.

임예리 변호사    다시 말하지만, 조선을 도발한 것은 일본이었습니다. 초지진 군사들의 공격을 유도한 것이죠. 그런데 운요호는 어떻게 했지요? 아무런 피해도 입지 않은 채 유유히 뱃머리를 돌려 영종진으로 향했습니다. 그러더니 영종진에 상륙하여 조선 수군에 큰 피해를 입히고 백성들을 무차별하게 살해했습니다. 이것은 어떻게 설명하실 건가요? 무슨, 동대문에서 뺨 맞고 남대문에서 화풀이하는 것도 아니고……. 정말 어처구니없는 만행이었죠. 그때 일본군은 겨우 두 명만 부상을 입은 반면, 조선인은 35명이 사망했고 16명이 포로로 잡혔습니다. 수많은 민가와 영종도 관아가 불타 없어졌고 막대한 재산 피해를 입었어요. 그런데 일본은 이런 만행을 저질러 놓고는 조선군에게 선제공격을 받아 반격했다는 치졸한 이유를 댔지요.

나카무라 변호사    자꾸 같은 말을 반복하게 하지 마세요. 먼저 공격한 것은 조선 수비대라고 몇 번을 말해야 알아들으시겠습니까?

임예리 변호사    같은 말을 반복하게 하는 건 피고 측이 아닙니까? 운요호는 조선을 여러 차례 침략한 것이고, 조선 수군은 도발을 막기 위해 정당방위를 한 것입니다.

**판사**　재판장으로서 증인에게 질문하겠습니다. 증인은 운요호 사건을 어떻게 기억하십니까?

**고종**　매우 분통 터지는 사건이었습니다. 일본 군함인 운요호가 강화 해협을 침범하자 이를 막기 위해 대포를 쏜 것이 발단이었습니다. 임예리 변호사의 말처럼, 일본 군함이 조선 바다를 침범했는데 이를 막는 것은 정당방위였지요. 그런데도 일본은 운요호 사건의 책임을 물으며 배상을 요구했습니다. 비유를 하자면, 도적이 남의 집에 몰래 들어갔다가 그 집 개에게 물리더니 개까지 때려잡고는 오히려 피해를 보상하라며 집주인에게 따지는 격이죠. 그렇다면 누구에게 잘못이 있는 거죠?

**임예리 변호사**　아, 그 비유는 제가 써 먹으려고 아껴 두었는데요. 뭐, 아무튼 제가 할 말을 대신 해 주셔서 고맙습니다.

**고종**　나는 조선의 황제로서 당시의 일을 매우 슬프게 기억하고 있습니다. 내가 조금만 빨리 일본의 의도를 눈치챘다면 나라를 빼앗기는 일 따윈 일어나지 않았을 텐데요……. 이게 다 무능한 내 탓이지요.

**신헌**　폐하, 자책하지 마십시오. 소신이 부족한 까닭에 폐하께 큰 짐을 안겨 드린 것만 같아 송구스럽습니다.

**고종**　아니오. 후손들이 날 어찌 생각할지……, 참으로 두렵소이다.

**신헌**　폐하…….

　신헌 대감은 목이 메어 차마 말을 잇지 못했다. 몇몇 방청객들도 눈시울을 붉혔다.

"고종 황제가 너무 불쌍해."

"불쌍하긴 뭐가 불쌍해? 멍청하게 당한 게 바보지. 안 그래?"

피고인 구로다 기요타카는 '아주 드라마를 찍네, 찍어.' 하는 표정으로 그 모습을 지켜보고 있었다.

**판사**　오늘은 흥선 대원군이 물러난 후 조선의 달라진 상황과 일본이 개항을 요구한 이유, 그리고 운요호 사건에 대해 알아보았습니다. 이것은 강화도 조약의 중요한 배경으로, 강화도 조약이 체결되기까지 매우 복잡한 사건들이 있었다는 것을 알게 되었습니다. 다음 재판에서는 본격적으로 강화도 조약의 체결 과정을 살펴보기로 하겠습니다. 이것으로 오늘 재판을 마치겠습니다.

땅, 땅, 땅!

　왜 강화도 조약은 불평등 조약일까?

**다알지 기자**

　　　　　　　여러분, 안녕하십니까? 역사공화국 법정 뉴
　　　　　　스의 다알지 기자입니다. 드디어 핫이슈가 되고 있
　　　는 신헌과 구로다 기요타카의 첫 번째 재판이 끝났습니다. 많은 전문
가의 예상처럼 재판 첫째 날부터 변론이 치열했는데요. 아, 저기 지금
막 재판을 끝내고 나오는 원고와 피고가 보이는군요. 신헌과 구로다
기요타카를 만나 각각의 소감을 들어 보도록 하겠습니다.

신헌

　　나는 무신 출신으로 강화도 연무당에서
진행된 강화도 조약에 조선의 협상 대표 자
격으로 참가한 신헌입니다. 일본의 배 운요호
는 허락도 없이 강화도로 다가와 살인과 약탈과 방
화를 저질렀습니다. 문호를 개방하지 않으면 침략하겠다는 협박도 서
슴지 않았지요. 나는 일본의 뜻에 따르지 않으면 큰일이 나겠다고 생
각했습니다. 당시 조선은 일본과 맞서 싸울 힘이 없었기 때문에 전쟁
이 나면 큰 피해를 볼 것이 불 보듯 뻔했기 때문입니다. 그래서 강화도
조약을 맺은 건데……. 이 강화도 조약이라는 것이 일방적으로 일본에
유리하게 되어 있었습니다. 이는 일본의 침략 의도가 담긴 불평등 조
약임에 틀림없습니다. 나는 이 재판에서 이러한 사실을 낱낱이 밝히고
말겠습니다.

**구로다 기요타카**

　나는 일본의 협상 대표 자격으로 강화도
조약을 체결한 구로다 기요타카입니다. 원고
는 내가 억지로 개항을 하라고 요구한 것처럼 말
하는데, 이건 말도 안 됩니다. 사실 일본과의 교류를
금지한 것은 흥선 대원군 한 명의 생각 아니었습니까? 또한 운요호는
원래 해안을 측량하기 위해 올라가던 배였을 뿐입니다. 그런데 조선의
수비대가 먼저 운요호를 공격했고, 운요호는 어쩔 수 없이 맞대응한
것뿐입니다. 더욱이 이때 체결된 강화도 조약이 불평등 조약이라는 것
은 말도 안 됩니다. 조선과 일본은 동등한 위치에 서서 조약을 체결했
습니다. 이건 강화도 조약의 조항 중 맨 처음에 나와 있는 것이기도 합
니다. 나는 왜 원고 신헌에게 소송을 당했는지 모르겠습니다!

# 강화도 조약은
# 어떻게 맺어진 것일까?

# 1

## 왜 조선과 일본의 사신은
## 신경전을 벌였을까?

**판사**  지난 재판에서는 일본이 운요호 사건을 핑계 삼아 조선에 협상을 요구했다는 것을 알게 되었습니다. 오늘은 강화도 조약의 체결 과정을 알아보는 두 번째 재판입니다. 먼저 원고 측부터 진술하세요.

**임예리 변호사**  일본은 운요호 사건의 책임을 물어 협상을 요구했습니다. 그러자 조선 정부에서는 일본의 요구를 놓고 갈등에 빠집니다. ▶물러난 흥선 대원군을 중심으로 한 쇄국주의자들과 유학자들은 절대 일본과 수교해서는 안 된다고 주장한 반면, 개화파들은 일본이 무력을 사용할 수도 있으니 일본의 요구를 들어주자고 했습니다. 그야말로 난감한 상황이었지요. 일본은 자기네 말을 듣지 않으면 군대를 이끌고 쳐들어오겠다는 기세였으니까요. 그때 과감하게 개화를 주장한 사람이 있습니다. 바로 개화파인 오경석 선생이지요. 존경하는 판사님! 오경석 선생을 증인으로 신청합니다. 오경석 선생의 증언을 들어 보면 조선과 일본의 입장이 어떻게 달랐는지 알 수 있을 것입니다.

**판사**　증인 신청을 허락합니다. 증인은 나와서 선서하세요.

**오경석**　나 오경석은 거짓 증언을 할 시에 어떤 처벌도 달게 받겠습니다.

**임예리 변호사**　감사합니다. 먼저 증인에 대해 잘 모르는 방청객들을 위해 자기소개를 부탁드립니다.

**오경석**　나를 모른다고요? 역관이며 학자였고, 한때는 유학파로 이름을 날렸는데……. 옛날이 그리워지는군요.

**임예리 변호사**　유학을 하셨다고요?

**오경석**　그렇소이다. 나는 역관으로서 조선 사신들을 수행해 청나라를 왕래하면서 그들의 앞선 문물을 배웠어요. 청나라는 서양 열강의 무력에 굴복하여 서서히 근대화되고 있었지요. 조선도 개화하여 서양 열강에 맞설 힘을 길러야 했습니다. 그래서 나는 청나라에 소개된 서양 문물을 조선으로 들여와 개화사상을 널리 전했지요. 이래봬도 내가 조선에 최초로 개화의 바람을 일으킨 사람이란 말입니다. 나는 친구인 유대치, 박규수 대감과 함께 양반 자제들에게 개화사상을 가르쳤어요. 김홍집, 김옥균, 박영효, 서광범, 유길준 등이 모두 우리의 제자들이었지요.

**임예리 변호사**　아주 훌륭한 제자들을 두셨군요. 그런데 조선에서 개화의 뜻을 펼치기가 쉽지 않았을 텐데요.

**오경석**　처음엔 어려웠어요. 유림들은 우릴 정신병자처럼 바라보았고, 제너럴셔먼호 사건, 병인양요 등을 겪으면서 나라에서는 쇄국 정책이 대세였지요. 서양 열강이 침략했으니 그걸 막는 건 당연하였지만, 우리가 좀 더 자발적으로 개화를 선택하지 못했던 건 안타까운 일입니다. 그런 사건들이 벌어지다 보니 흥선 대원군이 집권했을 때는 개화사상이 외면을 받았어요. 그래도 우리 개화 사상가들은 굴하지 않고 꿋꿋이 버텼지요.

**임예리 변호사**　그 후엔 어떻게 되었나요?

**오경석**　나는 기회를 보다가 흥선 대원군에게 건의했어요. 조선도 자주적으로 개화해서 근대 국가로 나아가야 한다고 말이지요. 하지만 흥선 대원군은 날 서양 놈 취급하면서 내 말을 무시했어요. 마침 미국이 개항을 요청해 왔기에, 나는 개항하기에 좋은 기회라고 생각하고 흥선 대원군에게 미국과 외교할 것을 건의했지요. 그런데 흥선 대원군은 또 역정을 내며 거절하였어요. 하여튼 그분의 고집은 알아줘야 한다니까.

**임예리 변호사**　그랬군요. 흥선 대원군이 물러난 뒤에는 상황이 달라졌겠어요.

**오경석**　민씨 정권은 개화 정책에 우호적이었어요. 드디어 내 뜻을 펼칠 기회가 찾아왔던 거지요.

**임예리 변호사**　그리고 얼마 지나지 않아 운요호 사건이 일어나지 않았습니까?

**오경석**　운요호 사건은 다 아실 테니 굳이 설명하지 않겠어요. 일본은 운요호 사건을 일으킨 뒤 얼마 지나지 않아 다시 군함 5척과 1000여 명의 병사를 이끌고 강화도 앞바다로 쳐들어왔지요. 그리고는 운요호 사건에 대해 책임을 지라며 무력시위를 했어요. 일본의 속셈은 조선의 항구를 개항시키려는 것이었지요. 위기를 느낀 민씨 정권은 황급히 대책을 세우고 나를 문정관에 임명했습니다. 문정관이란, 조선 후기에 이양선이 나타나면 그 배에 올라가 국적과 방문 목적, 승선 인원 등 여러 가지를 조사하는 임무를 맡은 임시 직책이었어요.

**임예리 변호사**     증인은 일본의 요구에 어떻게 대응하셨습니까?

**오경석**     일본이 무작정 강화도에 상륙하려고 해서 강력하게 항의했어요. 일본의 행동은 명백한 불법 행위였지요. 나는 조정에 상소를 올려 일본의 반응이 심상치 않으니 대비를 해야 한다고 건의했습니다.

**임예리 변호사**     조정에서는 일본의 도발에 어떤 대응책을 마련했나요?

**오경석**     안타깝게도 뚜렷한 대응책을 내놓지 못했어요. 그러다가 박규수 대감 등이 승산 없는 전쟁을 피하고 최대한 자주적으로 개항하자고 건의했고, 민씨 정권이 그 의견을 받아들여 결국 일본과 협상하기로 한 거지요.

**임예리 변호사**     사전에 협상을 위한 준비가 부족했다는 느낌이 드네요.

**오경석**     생각해 보세요, 그럴 틈이 있었겠는지. 일본 사절단이 강화도로 향하자, 조정에서는 급히 신헌 대감을 전권 대관으로 임명해 강화도에 파견했어요. 신헌 대감은 근대적인 외교의 경험이 아예 없었기 때문에, 청나라에 여러 차례 다녀온 내가 뒤에서 조언해 드렸지요. 하지만 나도 근대적인 조약에 대해선 별로 아는 게 없었기에, 조선 대표들은 일본 대표들에게 끌려가는 형편이었어요. 그에 비해 지금 피고로 나와 있는 구로다 기요타카는 외교를 공부한 데다가 국

왜 강화도 조약은 불평등 조약일까?

제 조약을 많이 경험한 자였지요. 조선 대표가 유치원 수준이라면 일본 대표는 대학원생 수준이었다고나 할까요?

**임예리 변호사** 제가 듣기로는 일본 사신과 신경전을 벌였다고 하던데요.

**오경석** 그랬지요. 조선의 대표들이 비록 근대적인 외교 경험은 없었지만 왜인들에게 굽힐 수는 없었으니까요. 역사적으로 일본은 한반도를 통해 선진 문화를 받아들여 자국 문화를 발전시켜 오지 않았습니까? 그래서 조선인들은 기본적으로 일본에 대해 우월감을 가지고 있었어요. 그래서 처음엔 '그까짓 왜놈들이 뭘 알아?' 하다가 차츰, '어라, 이자들이 메이지 유신을 한다더니 제법이네?' 이렇게 생각하는 정도였지요. 따라서 우리가 협상을 벌일 때는 처음부터 신경전이 대단했지요. 드디어 강화도의 연무당에서 근대 최초의 조선 일본 간 회담이 열렸어요. 일본 사신들은 머리를 짧게 깎고 양복을 입었는데, 서양식 양복을 입었다고 어찌나 우쭐대던지 참으로 꼴불견이었지요.

**구로다 기요타카** 꼴불견이라니! 내가 입은 양복이 얼마나 잘 어울렸는데, 어떻게 그런 소리가 나오시오? 솔직하게 그런 모습이 부러웠다고 털어놓으시지.

**오경석** 흥, 당신이 양복을 입었다고 해서 서양 사람이라도 된 줄 알았소? 동양인의 체통을 지키시오. 아무튼 일본 사신들은 회담장에 들어서자마자 자기네들이 양복을 입었으니 의자를 가져오라며 난동을 부렸어요. 첫 회담은 사흘 동안 이루어졌는데, 일본은 협상장 주

변에 군인들을 배치해 놓고는 매일 대포 사격을 하면서 조선 대표들을 위협했어요. 남의 집 안마당에 쳐들어와 흉기를 휘둘렀던 셈이지요. 그들은 집요하게 운요호 사건의 책임을 조선에 떠넘기면서 추궁했어요. 나는 신헌 대감에게 일본의 도발에 휩쓸리지 말고 유리한 위치를 잡으시라고 말씀드렸지요.

**구로다 기요타카**　대포 사격이 뭐 그리 잘못되었다는 것이오? 누가 들으면 우리가 엄청난 싸움꾼인 줄 알겠네.

**판사**　피고, 그 말은 곧 대포 사격을 하여 조선 대표들을 협박했다는 것을 인정한다는 말입니까?

**구로다 기요타카**　아니, 그게…….

구로다 기요타카가 더듬거리자 나카무라 변호사의 얼굴이 일그러졌다.

"그렇게 아무 말이나 막 던지지 마시라니까요."

"미안하네, 흥분해서 그만……."

"이제부턴 저와 먼저 상의한 뒤 발언하세요."

구로다 기요타카의 발언은 자기 발등에 도끼를 찍은 격이 되고 말았다.

**판사**　피고 측에게 다시 묻겠습니다. 대포 사격을 인정하십니까?

**나카무라 변호사**　예, 대포 사격을 한 것은 사실입니다. 하지만 그것은 예포였습니다.

판사    예포라니요?

나카무라 변호사    설마 예포가 뭔지 몰라서 묻는 건 아니시죠? 예포란 외교 행사 같은 공식적인 자리에서 상대방에게 경의를 표하기 위해 포를 쏘는 것을 말합니다. 외국의 원수가 방문했을 때 예포를 쏘지 않습니까? 일본이 대포를 쏜 것은 조선을 존중한다는 뜻이었지, 위협하려는 의도가 전혀 아니었습니다.

구로다 기요타카    맞아요. 내가 말하려던 게 바로 저거였어요. 나카무라 변호사, 파이팅!

임예리 변호사    참 웃기는군요. 자기 나라를 방문한 외국 원수를 환영해 예포를 쏘는 거라면서, 조선에 대포를 끌고 들어와 협상장 주변에서 쏜 것은 무슨 경우죠? 그렇게 억지를 부리니 일본이 국제적으로 비난받는 게 아닐까요? 제가 피고에게 묻겠습니다. 피고는 협상 중에 협박의 말이나 행동을 한 적이 없습니까?

구로다 기요타카    오래전 일이라 잘 기억나지 않지만, 그런 적은 없소.

임예리 변호사    일본의 요구를 들어주지 않으면 조선의 평화를 보장 못한다며 협박하지 않았습니까?

구로다 기요타카    증거 있어요? 괜히 무리수 두지 말고 증거를 대시오.

임예리 변호사    이것은 제가 비밀리에 입수한 일본의 외교 문서입니다. 여기에 일본 정부가 피고에게 내린 비밀 훈령도 있더군요. 그중 아무거나 한 대목을 보자면, "조선이 그들의 주장을 굽히지 않거나 일본 요구에 응하지 않을 때는 문서를 던져 교섭을 중단하고 조속히 귀국하여 사절의 체통을 잃지 말라."라고 적혀 있네요. 이래도 자꾸 발뺌하실 겁니까?

임예리 변호사의 활약에 방청객들이 환호를 보냈다. 신헌 대감도 놀라워하며 임예리 변호사를 바라보았다.

"임 변호사, 그런 건 또 언제 준비했소? 구로다 기요타카에게 한 방 먹이니 아주 통쾌하구먼."

"저렇게 나올 줄 알고 준비했죠. 호호호."

임예리 변호사는 방청석을 한번 둘러본 뒤 다시 말을 이었다.

**임예리 변호사**　　존경하는 판사님! 지금 입증된 것처럼 일본의 전권 대신 구로다 기요타카는 협박을 통해 강화도 조약을 유리하게 끌고 나가려고 했습니다. 쉽게 말하면, 조선 조정을 무력으로 협박한 다음 원고인 신헌 대감 일행을 농락했던 것이죠. 강화도 조약이 이렇게 맺어졌으니 그 결과가 불평등하리라는 건 누구라도 알 수 있을 것입니다.

# 조선의 근대화를 고민한 개화당

19세기 중반을 지나면서 조선은 지배층의 부정부패로 백성들이 큰 고통을 겪어야만 했습니다. 또한 밖으로는 무력을 앞세운 외세의 통상 요구 때문에 조용할 날이 없었지요. 이에 흥선 대원군은 외세와의 통상을 거부하는 쇄국 정책을 펼쳤습니다. 하지만 이러한 정책 속에서도 선진 문물을 받아들여야 발전할 수 있다고 생각한 개화파의 움직임이 조금씩 싹트기 시작합니다.

1870년 전후로 박규수의 집에서, 조선 후기 실학사상과 개화사상, 청나라에서 들어온 새로운 책을 공부하는 무리가 생깁니다. 김옥균, 박영교, 박영효, 서광범 등이 중심이 되어 개화사상을 형성하게 되지요. 특히 김옥균 등은 개화당을 발전시켜 나감에 있어 신분은 중요하지 않다고 생각합니다. 그래서 양반 출신뿐만 아니라 중인, 평민, 승려 등 신분을 초월하여 각계각층에서 사람들을 모아 교육하기도 합니다.

이들이 펼치고자 한 개화 정책 중 대표적인 것은 '신식 행정 관서로서 통리기무아문의 설치', '일본 국정 시찰단 파견', '신식 육군의 창설', '최초의 근대 학교인 원산학사의 설립', '최초의 근대 신문인 『한성순보』의 창간' 등이었습니다. 그런데 이러한 근대화 노력은 1882년의 임오군란을 계기로 큰 위기를 맞게 됩니다. 개화파를 위협적인 존재로 여긴 정부에서 개화파를 탄압하게 된 것입니다. 이에 개화파는 온건 개화파와 급진 개화파로 분리되게 됩니다.

온건 개화파는 유교 사상을 기반으로 서양의 근대 과학과 문명만을 받아들여 점진적으로 개혁을 수행하자는 입장인 반면, 급진 개화파는 일본의 메이지 유신을 모델로 삼아 근대적인 사상이나 제도까지 적극적으로 도입해야 한다는 입장이었습니다. 특히 김옥균을 중심으로 하는 급진 개화파를 개화당이라고 부르는데, 중심인물은 김옥균, 홍영식, 서재필, 서광범 등이었습니다.

# 2

# 왜 강화도에서
# 조약을 체결했을까?

**판사**     그런데 문득 궁금해지는군요. 왜 하필 강화도에서 회담이 열린 걸까요? 임예리 변호사는 그 이유를 알고 있습니까?

**임예리 변호사**     네, 판사님. 강화도는 흔히 민족의 성지라고 불립니다. 고인돌 유적이나 단군이 하늘에 제사를 올렸다는 마니산 참성단에서 알 수 있듯이, 강화도는 한민족의 중요한 터전이었지요. 한반도의 중앙에 위치한 데다 바다와 접하고 있어서 군사적으로 매우 중요한 곳이었습니다. 지금도 강화도에는 바닷가를 따라 수많은 국방 관련 유적이 들어서 있습니다. 16킬로미터에 달하는 내외 성곽과 4개의 진을 비롯하여, 7개의 보와 53개의 돈대, 8개의 포대, 8개의 봉화대가 있어요. 왜구의 침입이 잦았던 남해안도 아니고 오랑캐와 인접한 북경 지대도 아닌데, 강화도에는 왜 이렇게 군사 시설이 많은 걸까요?

판사　음, 잘 모르겠네요. 이유를 알려 주시죠.

임예리 변호사　강화도는 고려의 수도였던 개성, 조선의 수도였던 한성의 관문 역할을 하던 곳으로 지리적으로 아주 중요합니다. 서구 열강이나 일본에서 배를 타고 한성으로 향할 때 그 길목에 있는 곳이 바로 강화도이지요. 강화도에서 배를 타고 한강을 거슬러 올라가면 마포 나루를 통해 바로 한성으로 들어갈 수 있었습니다. 그래서 예로부터 강화도에는 한성의 수비를 위한 군사 시설이 많았답니다.

판사　임예리 변호사는 모르는 게 없군요. 그러고 보니 병인양요와 신미양요가 강화도에서 일어난 것도 다 그런 이유가 있었던 거로군요.

임예리 변호사　그렇습니다. 역사를 살펴보면 강화도가 외적의 손에 넘어가면 조선은 위험에 처했다는 것을 알 수 있습니다. 고려 시대에는 몽골의 침략을 받자 강화도로 천도해 39년 동안 항쟁하였습니다. 1636년 조선 인조 임금 때에는 청나라 태종의 침략을 받자 왕실 사람들과 신하들이 모두 강화도로 피신했습니다. 하지만 미처 피난 가지 못한 인조 임금은 남한산성에서 싸우다 청나라와 굴욕적인 화약을 맺게 되지요. 이때도 강화도는 조선을 지키는 역할을 했습니다. 강화도가 외적의 침입을 막는 중요한 지역이라는 것을 알 수 있습니다.

판사　그렇다면 조선과 일본의 통상 조약이 강화도에서 열린 것은 어떤 의미이지요?

**임예리 변호사** 　일본의 침략 의도를 보여 준다고 할 수 있습니다.

**판사** 　어째서 그렇다는 겁니까?

**임예리 변호사** 　아까도 말씀드렸지만, 강화도는 배를 타고 한성으로 향하는 길목에 있습니다. 지금은 인천이 관문 구실을 하고 있지만, 그때만 해도 강화도가 한성으로 향하는 가장 빠른 길이었습니다. 일본이 강화도를 선택한 이유가 무엇이겠습니까? 여차하면 한성으로 쳐들어가겠다는 경고가 아닐까요?

**나카무라 변호사** 　판사님, 이의 있습니다. 임예리 변호사의 말은 그럴듯하지만 사실이 아닙니다. 회담을 위해 피고와 함께 일본 사신으로 왔던 이노우에 가오루를 증인으로 신청합니다.

　　이노우에 가오루가 증인석으로 나와 선서를 했다. 콧수염과 날렵한 턱 선이 왠지 미더워 보이지 않았다.

**판사** 　증인의 이름은 꽤나 발음하기 어렵군요. 증인은 일본 사신으로 조선에 왔다는 게 사실입니까?

**이노우에 가오루** 　그렇습니다. 저는 특명전권부변리대신이라는 직책을 맡았지요. 쉽게 말하면 구로다 기요타카 장군의 부하였습니다.

**판사** 　알겠습니다. 피고 측 변호인, 증인 신문을 시작하세요.

**나카무라 변호사** 　증인은 일본 사신으로 강화도에 처음 왔을 때 어떤 느낌을 받았나요?

**이노우에 가오루** 　어우, 뭐 이런 곳이 다 있나 싶었습니다.

　왜 강화도 조약은 불평등 조약일까?

나카무라 변호사     그 말은 부정적인 의미입니까?

이노우에 가오루     그렇다고 할 수 있죠.

나카무라 변호사     왜 그렇게 생각하셨죠?

이노우에 가오루     다시 떠올리기도 싫어요. 강화도에 도착하기도 전에 함선이 갯벌에 빠져 버렸습니다. 배를 빼내려고 얼마나 고생한 줄 알아요? 나중에 누가 그러는데, 강화 해협은 **조수 간만의 차이**가 심해서 조금이라도 시간을 잘못 맞추면 배가 꼼짝없이 갇혀 버린답니다. 그 말을 들으니 무섭더라고요.

**조수 간만의 차이**
바닷물은 달, 태양 따위의 인력에 의하여 주기적으로 높아졌다 낮아졌다 하는데, 이렇게 바닷물이 빠져나가 해수면이 가장 낮아진 상태와 바닷물이 들어와 해수면이 가장 높아진 상태의 차이를 '조수 간만의 차이'라고 합니다.

나카무라 변호사     그 밖에 다른 좋지 않은 기억이 있습니까?

이노우에 가오루     갑자기 물살이 빨라지면서 배가 휩쓸려 갔어요. 어마어마하게 크고 비싼 배였는데 강화도 앞바다에선 왜 그렇게 작아 보이던지……. 또, 바람이 몹시 불면 암초에 부딪히지나 않을까 하고 노심초사했지요.

나카무라 변호사     임예리 변호사는 조선을 위협할 목적으로 강화도에서 회담을 열었다고 주장하는데요, 그 말에 대해서는 어떻게 생각하십니까?

이노우에 가오루     말도 안 돼요. 그 전에 일본 함선이 강화도 바다에 잡아먹히게 생겼는걸요. 강화도에서 배 타 봤어요? 안 타 봤으면 말을 하지 마세요.

나카무라 변호사     증인의 말대로 강화도는 물길이 복잡해 조선이 방어하는 데 유리합니다. 만약 임예리 변호사의 말처럼 조선을 위협할 목적이었다면 일본이 굳이 강화도를 선택할 이유가 없잖아요? 피고 측은 본래 강화도를 거쳐 한강으로 올라가 한성 주변에서 조약을 맺으려고 했습니다. 하지만 조선 정부가 그걸 두려워한 나머지 서해 앞바다의 어느 한 섬에서 회담을 갖자고 제의했는데, 그땐 이미 피고 측 함대가 강화도에 도착한 뒤였어요. 조선이 얼마나 한심한 나라였는지 알 수 있겠지요? 그래서 어쩔 수 없이 강화도에서 회담을 갖기로 했을 뿐이지 다른 뜻은 없었습니다. 아무튼 임예리 변호사의 말은 귀담아들을 가치가 없다는 게 다시 증명되었습니다. 이상으로 증인 신문을 마치겠습니다.

**판사** 원고 측 변호인, 반대 신문 하시겠습니까?

**임예리 변호사** 예. 먼저 나카무라 변호사의 인신 모독적인 발언에 대해 경고해 주시기 바랍니다.

**판사** 인정합니다. 피고 측 변호인은 상대의 인격을 모독하는 발언을 삼가세요.

**나카무라 변호사** 그건 임 변호사의 발언이 좀 심한 것 같아서 그만…….

**임예리 변호사** 증인에게 묻겠습니다. 회담이 열린 연무당이라는 곳을 기억하시나요?

**이노우에 가오루** 기억하고말고요. 거기서 며칠을 묵었는걸요.

**임예리 변호사** 그럼 연무당이 어떤 곳인지도 아시겠네요?

**이노우에 가오루** 제가 알기로는 군사를 훈련시키는 곳이라고…….

**임예리 변호사** 잘 알고 계시네요. 그런데 조선 군사들이 훈련하는 곳에서 외교 회담이 열린다, 뭔가 이상하지 않나요?

**이노우에 가오루**　뭐, 뭐가 이상하다는 거요? 그럴 수도 있지. 괜한 트집 잡지 마시오.

**임예리 변호사**　트집이라뇨? 격식을 중요시하는 조선이 그런 곳에서 회담을 할 리가 없으니 이상하다고 한 것입니다. 혹시 일본 측에서 다른 뜻을 가지고 있었던 게 아닐까요?

**이노우에 가오루**　다른 뜻이라니? 이 아가씨는 의심하는 게 일이구먼.

**임예리 변호사**　일본 협상단은 연무당으로 가면서 대포를 쏘아 대

며 마치 자기 집 안방인 양 행동했습니다. 조선 군사들이 훈련하는 곳에서 말입니다. 이것은 조선의 군사 훈련장을 마음대로 사용함으로써 조선의 군사력을 무력화하겠다는 일본의 속셈을 드러낸 일입니다. 증인, 제 말이 틀립니까?

**이노우에 가오루**    뭐 틀리지는 않지만…….

**임예리 변호사**    그때 강화도의 부녀자들은 너무나 무서워서 집 안에 꼭꼭 숨었어요. 그랬더니 일본군들은 "우리가 짐승이라도 되느냐? 왜 이곳엔 여자들이 하나도 안 보이냐?"며 생트집을 잡았지요.

**이노우에 가오루**    와우! 그걸 어떻게 알아냈어요?

**임예리 변호사**    방금 그 말은 원고 측의 주장을 100퍼센트 인정하신다는 뜻이죠? 감사합니다.

**나카무라 변호사**    판사님! 증인이 당황해서 말이 잘못 나온 것 같습니다. 증인 신문을 그만 마치는 게 좋을 것 같습니다.

**판사**    왜 나카무라 변호사 마음대로 진행하시오? 결정은 내가 합니다. 원고 측 변호인의 반대 신문이 끝난 것 같으니 여기서 마무리합시다. 증인은 그만 들어가셔도 좋습니다.

# 강화도 조약의
# 체결 과정

**판사**　이제 양국이 강화도 조약을 체결하는 과정에서 어떤 말이 오갔는지 알아볼까요? 강화도 조약 체결 과정을 살펴보면 정말로 이 협상이 조선에 불평등했는지 알 수 있을 것입니다. 자료에는 본격적인 협상은 1876년 2월 11일부터 13일까지 사흘 동안 진행되었다고 나와 있군요.

**나카무라 변호사**　판사님, 정말 지당하신 말씀입니다. 존경합니다.

**판사**　나카무라 변호사, 지금 재판이 불리해질 것 같으니까 나한테 아부를 하는 겁니까? 하지만 그런 수작은 통하지 않습니다.

**나카무라 변호사**　현명하신 판사님, 이번엔 제가 먼저 말하게 해 주세요.

**판사**　나카무라 변호사의 목적이 그거였군요. 좋습니다. 안 될 것도 없지요. 먼저 발언하세요.

**나카무라 변호사**     강화도 조약의 체결 과정을 알아보기 위해 당시 일본 협상단의 대표였던 피고에게 질문하도록 하겠습니다. 협상 첫째 날 원고와 피고가 마주 앉아 회담을 시작했는데요, 당시 무슨 말이 오갔는지 기억하십니까?

**구로다 기요타카**     드디어 내가 활약할 시간이로군.

처음에는 운요호 사건에 대한 논의가 이루어졌어요. 조선은 우리에게 책임이 있다는 식으로 말하더군요. 그러면서 어느 나라 배인지 몰라 조선군이 어쩔 수 없이 포를 쏘았다는 변명을 늘어놓았습니다. ▶그때 우리 군함엔 자랑스러운 일장기가 휘날리고 있었는데도 일본의 배인 줄 몰랐다니 말이 됩니까? 참으로 어처구니가 없었지만 내겐 협상이 더 중요했기에 그냥 눈감아 주기로 했지요.

**임예리 변호사**     판사님! 피고는 지금 거짓말을 하고 있습니다. 운요호 사건의 책임을 물어 조선을 추궁한 것은 일본 협상단입니다. 뻔뻔하게 나온 것은 일본이란 말입니다. 이런 걸 두고 도적이 오히려 매를 든다는 뜻으로 '적반하장'이라고 하지요.

**나카무라 변호사**     임예리 변호사, 지금은 피고 측 진술 시간이라는 것을 모르십니까? 한 번만 더 끼어들면 경고를 줄 테니 조심하세요.

**판사**     나카무라 변호사, 그건 내가 할 대사입니다. 피고는 진술을 계속하세요.

**구로다 기요타카**     나는 조선이 일본처럼 개화해서 발전하

교과서에는

▶ 일본은 조선 수비대가 일본 국기를 모독했다고 억지를 부리며 조선에 개항을 강요하였습니다.

왜 강화도 조약은 불평등 조약일까?

기를 바랐습니다. 그래서 원고에게 우리의 뜻을 따라 주기 바란다고 여러 번 강조했지요. 하지만 원고가 그걸 협박으로 생각했다니 놀라운 일입니다. 일본이 참으로 조선을 협박하려고 했다면 병인양요나 신미양요 때처럼 함포로 공격하지 귀찮게 협상을 요구했겠습니까?

금시초문
바로 지금 처음으로 들음을 뜻합니다.

**나카무라 변호사**    역시 피고는 협상의 대가답다는 생각이 듭니다. 그런데 당시 조선 대표들은 협상에 나서는 자세가 어땠습니까?

**구로다 기요타카**    한심한 수준이었습니다. 그들은 근대적인 외교 절차나 용어조차 모른 채 협상에 나서서 억지를 부릴 뿐이었습니다.

**나카무라 변호사**    한 가지 예를 들어 주시겠습니까?

**구로다 기요타카**    어느 정도였냐 하면, 조선 사신들은 조약, 전권 등의 외교 용어는 물론이고 신문지, 국기 등의 근대적인 용어를 그때 처음 들었다고 실토할 정도였어요. 그래서 우리가 그런 말의 뜻을 일일이 가르쳐 주어야 했지요.

**나카무라 변호사**    그런 조선 대표들과 협상을 하려니 피고께서 무척 피곤하셨겠군요.

**구로다 기요타카**    이루 말할 수가 없었죠. 나는 이 협상에 나서기 전에 일본 정부에서 미리 마련했던 조약문 초안을 조선 대표에게 보여 주었습니다. 모두 12개 조항인데, 아무것도 모르는 조선 대표들이 그중 9개 조항을 뜯어고쳐야 한다고 시비를 걸었어요. 그래서 하는 수 없이 그들의 요구를 받아들여야만 했지요.

**나카무라 변호사**    네에? 그런 일이 있었다는 건 금시초문이군요. 그렇다면 강화도 조약을 불평등한 조약이라고 평가하는 것은 잘못된 일이겠군요?

**구로다 기요타카**　물론입니다. 나는 어째서 강화도 조약이 불평등하다는 것인지 이해할 수가 없고, 그런 이유로 소송을 당해 이 법정에 서 있는 게 불만입니다. 협정이란 서로 동등한 상태에서 맺는 것인데, 왜 한쪽은 불리하고 다른 한쪽은 유리하다는 것이죠?

**나카무라 변호사**　그래서 최근에는 일부 한국의 역사학자들조차 강화도 조약이 불평등 조약이 아니라고 주장하는 것 아닐까요?

**구로다 기요타카**　그렇습니다. 난 그들을 존경할 만한 역사학자로 손꼽고 있습니다.

**나카무라 변호사**　좋은 말씀 감사합니다. 이제 원고 측 변호인에게 마이크를 넘길까요?

**판사**　나카무라 변호사, 자꾸 판사의 발언을 가로챌 것입니까? 그러다가 아예 퇴장당하는 수가 있어요! 원고 측 변호인은 반대 신문 하세요.

**임예리 변호사**　강화도 조약이 불평등하지 않았다는 한국 학자의 주장은 저도 신문 기사를 통해서 읽었습니다. 하지만 대부분의 학자들은 강화도 조약이 불평등하다고 여깁니다. 만약 그 조약이 평등한 것이었다면 지금의 모든 한국사 교과서를 고쳐야 할 것입니다. 그리고 피고에게 질문합니다. 일본이 강화도 조약으로 많은 이득을 본 점에 대해 인정하십니까?

**구로다 기요타카**　그거야 두말하면 잔소리죠. 만약 그때 일본이 조

　왜 강화도 조약은 불평등 조약일까?

약을 맺지 못했다면 조선을 정복하고 중국 대륙으로 진출하는 것은 꿈도 꿀 수 없었겠지요.

임예리 변호사    그렇다면 조선은 어떤 이득을 얻었을까요?

구로다 기요타카    미개하던 조선이 처음으로 근대적인 조약을 맺고 서양 문물을 받아들이게 되었지요. 그것만 해도 얼마나 큰 혜택입니까? 물론 일본으로부터 경제적으로 침략당하고 그것 때문에 일본의 식민 통치까지 받게 되긴 했지만 말입니다.


나카무라 변호사가 재빨리 구로다 기요타카의 입을 막았다.

"아니, 지금 무슨 말씀을 하시는 겁니까? 잘 나가다가 왜 삼천포로 빠지냐고요?"

"앗! 내 실수."

하지만 구로다 기요타카의 발언은 다시 주워 담을 수 없는 물과 같았다.


임예리 변호사    이제야 실토하시는군요. 방금 피고가 했던 진술은 강화도 조약이 불평등했다고 말하는 가장 중요한 이유 중 하나입니다. 다시 말해 일본은 조선을 정복하기 위해 운요호 사건을 일으켰으며, 조선 조정을 협박해서 일본 정부에 유리한 조약을 맺었던 것입니다. 저는 피고에게 더 이상 질문할 게 없습니다.


임예리 변호사의 발언이 끝나자 방청석은 다시 한 번 술렁거렸다.

더 이상 재판이 필요 없을 정도로 강화도 조약이 불평등 조약이라는 결론이 나왔기 때문이다. 그것도 피고인 구로다 기요타카의 입을 통해서…….

판사　오늘은 강화도 조약이 어떤 과정으로 체결된 것인지 알아보려고 했습니다. 그런데 이번 재판에서 밝혀내고자 했던, 강화도 조약이 일본의 협박과 강요에 의해 맺어진 불평등 조약인지 여부를 미리 알게 되었군요. 그렇다면 피고 측은 다음 재판까지 더욱 철저하게 준비해야 원고의 주장을 반박할 수 있을 것입니다. 오늘은 시간관계상 이것으로 마칩니다.

　땅, 땅, 땅!

　왜 강화도 조약은 불평등 조약일까?

**다알지 기자**

　　저는 지금 신헌과 구로다 기요타카의 두
번째 재판이 열린 법원 앞에 나와 있습니다.
오늘도 두 변호사의 불꽃 튀는 대결이 펼쳐졌는
데요. 마지막 재판만을 남겨 놓고 있는 시점에서 최후의 승자는 누가
될 것인지 관심이 집중되고 있습니다. 멋진 활약을 보여 준 임예리 변
호사와 나카무라 변호사를 만나 보겠습니다. 먼저 임예리 변호사, 오
늘 재판에서 확실한 승기를 잡았다고 생각하십니까?

**임예리 변호사**

　　물론입니다. 오늘 재판에서 확실히 승기를 잡은 것 같군요. 처음에는 나카무라 변호사가 준비를 조금 한 것 같아 긴장을 했답니다. 하지만 피고 측 증인이 우리 쪽에 유리한 발언을 한 덕분에 이번 재판에서 승소한 것이나 다름없지요. 하지만 방심하지 않고, 남아 있는 마지막 재판에서는 좀 더 철저히 대비해 피고들의 코를 납작하게 만들겠어요. 지난번에도 피고의 증언뿐만 아니라 예상치 못한 증거물로 나카무라 변호사에게 반격을 가하지 않았습니까? 만약 역사를 기록해 놓은 책이 없었다면 증거물을 제시할 수 없었을 것이고, 나카무라 변호사의 기세를 뒤집을 수도 없었을 거예요. 새삼 역사책의 중요성을 깨닫게 되었지요. 이번 재판이 끝나면 더 많은 역사책을 읽어 볼 생각입니다.

**나카무라 변호사**

　저희 쪽 증인이 말실수를 해서 오늘 재판
에서는 조금 불안했던 것이 사실입니다. 하지만
재판은 아직 끝나지 않았습니다. 남아 있는 마지막 재판에서 확실히
뒤집어 보이겠습니다. 사실 피고인 구로다 씨는 조선이 일본처럼 개화
해서 발전하기를 바랐습니다. 그래서 원고인 신헌 씨에게 그 뜻을 따
라 주기를 여러 번 강조했지요. 이것을 협박이라고 말하는 것은 말도
안 됩니다. 정당한 협상의 과정이었을 뿐이니까요. 또한 최근에는 일
부 한국의 역사학자들이 강화도 조약이 불평등하지 않다고 주장하고
있지 않습니까? 마지막 재판에서 강화도 조약의 내용을 살펴보면서
과연 불평등한 조약인지 아닌지를 확실히 따져 보겠습니다.

# 조선 침략의
# 지름길이 된 강화도 조약

# 1 강화도 조약을 낱낱이 해부한다

**판사**　강화도 조약이 일본의 협박과 강요에 의해 맺어진 불평등 조약인지를 밝히는 이번 재판도 오늘로 마지막입니다. 양측 변호사는 끝까지 최선을 다하기 바랍니다. 먼저 원고 측 진술하세요.

**임예리 변호사**　앞선 두 번의 재판을 통해 강화도 조약의 협상 과정에서 조선이 일방적으로 불리했다는 것을 알 수 있었습니다. 원고 측 주장에 신빙성을 더하기 위해 황현 대감을 증인으로 신청합니다. 아마 강화도 조약이 불평등하게 이루어졌다는 주장에 쐐기를 박을 것으로 생각됩니다.

　황현이 증인석으로 나와서 선서를 마쳤다.

　왜 강화도 조약은 불평등 조약일까?

**임예리 변호사**　증인의 이력서를 살펴보니, 장원 급제를 했지만 벼슬길에 오른 적이 한 번도 없네요. 무슨 특별한 이유라도 있는 겁니까?

**황현**　부정부패로 가득 찬 조정이 싫었을 뿐이오. 자기 욕심만 채우는 관리들과 어찌 같이 일할 수 있단 말이오. 민씨 세도 정권이 집권하는 동안 조선은 외세의 침략과 개화 속에서 망국의 길을 걷고 있었어요. 나는 복잡한 세상을 잊으려고 산속으로 들어가 독서와 학문 연구에 전념했지요. 하지만 나라에 대한 걱정이 늘어만 갔어요. 나는 후손들에게 이런 조선의 현실을 알려 주기 위해 책을 쓰기 시작했습니다. 그래서 나온 책이 바로 『매천야록』이지요. 임예리 변호사도 나중에 한번 읽어 보시구려.

**임예리 변호사**　증인은 당대 최고의 지식인이신데요, 그럼 강화도 조약에 대해서도 자세히 알고 계시겠지요?

**황현**　물론입니다. 강화도 조약 체결로 인해 일본이 조선에 대해 간섭하고 경제적 침탈을 하게 되었어요. 그리고 결국에는 조선이 일본에 국권을 빼앗기게 되었지요. 다시 말해, 강화도 조약 후 34년이 지난 1910년에 한일 병합 조약에 따라 조선이 일제의 지배를 받게 된 겁니다. 일본의 강압 아래 국가의 모든 통치권을 일본에게 넘겨주는 치욕을 당했지요. 물론 강화도 조약이 일제의 강제 통치를 받게 된

흥선 대원군의 섭정 당시를 기록한 황현의 『매천야록』

> **『매천야록』**
> 흥선 대원군이 섭정한 1864년부터 국권을 빼앗긴 1910년까지의 한국사를 기록한 역사책입니다. 학자였던 황현이 적은 것으로 당시 혼란한 사회상을 빠짐없이 담고 있습니다.

강화도 조약으로 1910년에 조선은 결국 일제의 지배를 받게 되었소. 내 눈으로 나라가 망하는 것을 지켜보느니 차라리 죽고 말겠소!

**자결**
의분을 참지 못하거나 지조를 지키기 위해 스스로 목숨을 끊는 것입니다.

직접적인 원인이라고 할 수는 없지만 근본적인 원인이 된 것만은 분명해요. 그런 과정을 지켜보던 나는 나라 잃은 슬픔을 이기지 못하여 「절명시」를 남긴 뒤 자결했소이다. 나뿐만 아니라 조선 백성들 모두 통탄을 금치 못했지요.

자결이라는 말에 방청객들이 수군거렸다.

**황현**  너무 놀라지들 마십시오. 나는 조선의 선비로서 나라를 지키지 못한 책임을 다한 것뿐이에요. 을사조약 때나 한일 병합이 되었

왜 강화도 조약은 불평등 조약일까?

을 때에도 나처럼 자결한 애국지사들이 수없이 많답니다.

**임예리 변호사**　왜 강화도 조약으로 인해 일본이 조선에 대해 간섭하고 경제적으로 침탈해 오게 되었다고 보시나요? 피고 측 주장대로라면, 강화도 조약으로 개화를 했으니 조선의 국력이 더 강해져야 하는 게 아닐까 싶은데요.

**황현**　그건 강화도 조약의 12개 조항에 고스란히 드러나 있습니다.

**임예리 변호사**　저도 강화도 조약의 전문을 보았는데 보통 사람들의 눈에는 그냥 평범한 조약으로 보일 것 같아요.

**황현**　천만의 말씀! 조약문 안에는 일본의 계략이 여러 군데 숨어 있습니다. 일본은 양의 탈을 쓴 늑대였어요. 하긴 우리가 너무 순진하고 국제 정세에 무지했던 탓이라고 할 수도 있지요. 그중 예를 하나 들어 보지요. 제1조를 보면 "조선은 자주국이며 일본과 평등한 관계를 가진다."라고 되어 있습니다. 얼핏 생각하면 이게 왜 불평등하다는 것일까, 의문이 들지요. 하지만 그 안에 담긴 일본의 의도가 흉악하다는 것입니다.

**나카무라 변호사**　이의 있습니다. 지금 증인은 억지를 부리고 있습니다. 강화도 조약 제1조는 조선과 일본이 화친을 맺었으므로 서로 동등하게 예우한다는 의미일 뿐 흉악한 의도 따위는 없습니다.

**판사**　지금은 원고 측 변호인이 신문하는 시간입니다. 이의가 있다면 반대 신문 때 제기하세요.

**황현**　자네 조상들이 그런 조항을 넣은 속셈을 진정 몰라서 하는 소린가?

조선은 오래전부터 '사대 근린'이란 외교 정책을 펴 왔소. 이 말은 대국인 청나라를 받들고 일본, 여진 등 주변 민족이나 국가와는 동등한 관계에서 가깝게 지내자는 뜻이오. 다시 말해 조선과 일본은 수백 년 동안 동등한 관계였으며, 조선이 문화적으로나 경제적으로 일본을 도와주었던 것은 코흘리개도 다 아는 사실이오. 그런데 강화도 조약에서 새삼스럽게 조선과 일본이 평등한 관계임을 밝힌 것은 무슨 뜻이겠소?

당시만 해도 조선의 많은 유학자들은 청나라를 대국으로 섬겨야 한다고 여겼소. 청나라도 조선을 자기 나라의 속국처럼 대하려고 했고. 그런데 1871년에 '청일 수호 조규'를 맺으면서 청나라와 일본이 동등한 관계가 된 거요. 그러면서 두 나라가 서로 조선을 지배하려고 경쟁했소. ▶그런데 강화도 조약 때만 해도 조선이 청나라에 의존하려고 하자 '너희는 자주국이니 더 이상 청나라에 기대지 말고 우리 일본과 친하게 지내자'라는 뜻으로 그런 조항을 넣은 것이오. 다시 말해, 조선에 대한 청나라의 영향력을 약화시켜서 조선을 쉽사리 침략하려는 의도였던 것이오. 이래도 억지라고 할 테요?

**임예리 변호사**　증인의 말을 들으니 일본의 침략 야욕이 계획적이고 치밀했다는 생각이 듭니다. 조선을 침략하기 위해 오랜 시간 동안 준비했던 것이군요.

**황현**　그렇소, 임 변호사. 하지만 일본의 시커먼 속을 알아차린 사람이 없었다는 게 문제였지요. 일본의 교활함이 담긴 조항이 또 있는데, 강화도 조약 제4조와 제5조를 예

　왜 강화도 조약은 불평등 조약일까?

로 들 수 있소. 이들 조항을 보면 조선의 항구 세 곳을 개항하여 일본 상인들이 오가면서 통상할 수 있다고 되어 있지요. 일본 상인이 조선 땅을 마음껏 드나들며 장사할 수 있게 했던 겁니다. 하지만 이 조약이 평등하려면, 조선 상인도 일본의 항구를 드나들며 장사할 수 있다는 조항이 있어야 하지 않겠어요?

만약 그런 조항이 있더라도 조선은 경제적으로 침략당할 수밖에 없는 처지였어요. 조선의 주요 수출품인 농산물은 일 년에 한 번만 생산되니, 그 곡식을 수출하고 또 정부에 세금으로 바치면 농민들은 먹을 것도 부족할 판이었지요. 하지만 일본의 수출품인 면직물 등 공산품은 사시사철 얼마든지 생산할 수 있어요. 따라서 조선인은 팔 수 있는 물건에 한계가 있지만 일본인은 팔 물건이 산더미처럼 많으니 조선의 경제가 엉망이 되었던 겁니다.

또한 일본이 부산항 외에 인천항과 원산항을 개항하라고 요구한 것은 경제적인 침략뿐만 아니라 정치적, 군사적으로도 침략해 오기 위해서였어요. 인천은 서울의 관문이니 조선을 침탈하기 쉬운 곳이고, 원산은 러시아의 남하를 막을 수 있는 곳이었지요. 이런 요구만 살펴보아도 일본의 침략 의도가 얼마나 치밀했는지 짐작할 수 있지 않겠습니까?

**임예리 변호사** 당시 개항했던 항구에서는 일본인들이 활개를 치고 다녔겠네요?

**황현** 강화도 조약 이후 일본의 경제 침탈이 심해졌습니다. 강화도 조약 제9조를 보면, 양국 백성들은 마음대로 무역할 수 있으며 양

국 관리는 이를 제한, 금지하지 못한다고 되어 있지요. 양국 백성들
이라고 하지만 실제로는 여기서 조선인은 해당되지 않아요. 일본 상
인들만 이 조항에 따라 조선으로 들어와 아무런 간섭 없이 자유롭게
무역을 했지요. 일본 상인들은 조선 쌀을 싼값에 마구 사들인 뒤 일
본으로 가져가 비싸게 되팔았어요. 그래서 백성들은 쌀이 없어서 굶
주림에 시달리게 되었지요. 조선의 경제는 점점 일본 상인들의 손아
귀에서 놀아나게 되었고요. 강화도 조약은 일본인의 배만 불려 주는
결과를 낳았어요.

임예리 변호사     그들을 막을 방법이 없었나요?

왜 강화도 조약은 불평등 조약일까?

**황현**　그건 불가능했어요. 일본인의 치외 법권을 인정하고 있었으니까요.

**임예리 변호사**　치외 법권이라면 다른 나라의 영토 안에 있으면서도 그 나라 법의 지배를 받지 않는 권리를 말하죠? 따라서 치외 법권이 적용되었던 부산, 인천, 원산에서는 일본인이 범죄를 저질러도 조선의 관리가 처벌할 수 없었다는 말씀이지요?

**황현**　변호사라서 그런 건 잘 아는군요. 그것도 강화도 조약을 불평등 조약이라고 말하게 된 대표적인 예이지요. 평등한 조약이 되려면, 일본의 세 항구 도시에서 조선인의 치외 법권을 인정한다는 조항 또한 들어가야 한단 말입니다.

**임예리 변호사**　백성들의 불만이 아주 컸겠어요.

**황현**　오죽하면 흥선 대원군의 쇄국 정책을 부활해야 한다는 목소리까지 나왔겠어요. 그런데 더 큰 문제는, 후에 서양 열강들과 수교를 맺을 때에도 치외 법권을 인정해 줬다는 거지요. 당시 조선은 일본과 서양 열강의 노리개나 다름없었던 겁니다. 그 생각을 하면 지금도 피가 거꾸로 솟는다오.

**임예리 변호사**　강화도 조약 제7조도 일본의 군사 침략 의도를 담고 있는 조항이지요?

**황현**　그래요. 제7조에는 일본국의 항해자가 자유롭게 조선국의 해안을 측량하도록 허락한다고 되어 있는데, 그런 억지가 어디 있단 말입니까? 제1조에 조선국과 일본국이 동등하다고 해 놓고는 나머지는 모두 일본에만 유리하게 되어 있지요. 해안을 측량한다는 것은

각국의 영해를 구분하는 아주 중요한 일이에요. 그런데 일본이 조선의 바다를 측량한다는 것은 조선을 자기네 땅으로 본다는 말과 같지 않겠어요? 일본이 남의 나라 영해를 왜 측량하겠다는 거겠소? 군사적으로 조선을 침략하려는 의도였던 거지요. 강화도 조약에 조선인이 일본의 해안을 마음껏 측량해도 된다는 내용이 있습니까? 그러니까 불평등한 조약이란 겁니다.

**임예리 변호사**　　증인의 말대로 강화도 조약은 참으로 조선에 불리한 조약이었습니다. 강화도 조약에는 일본의 권리만 나와 있고 조선의 권리는 없었습니다. 결론적으로 강화도 조약은 조선에 대한 정치적·경제적·군사적 침략 의도가 담긴 불평등한 조약이라는 말씀이군요?

**황현** ▶조선 정부는 강화도 조약을 맺은 뒤 몇 년 지나지 않아 서양 열강들과도 차례로 조약을 맺게 되었어요. 그런데 강화도 조약이 전례가 되어서 이후의 조약들도 모두 조선에 불리한 불평등 조약이 되고 말았지요. 이렇듯 강화도 조약으로 인해 조선이 자주성을 잃게 된 겁니다.

**임예리 변호사** 이상으로 신문을 마치겠습니다.

**판사** 피고 측 변호인, 증인에게 질문할 것이 있습니까?

**나카무라 변호사** 있습니다, 판사님.

**판사** 그럼 신문하세요.

**나카무라 변호사** 지금 증인은 강화도 조약 때문에 다른 나라와도 불평등 조약을 맺게 되었다고 했습니다만······.

**황현** 그렇소이다. 불평등 조약을 맺은 선례가 있으니 다른 나라들도 일본을 따라 한 게 아니겠어요?

**나카무라 변호사** 조선이 서양 열강과 불평등 조약을 맺게 된 게 과연 일본 때문일까요? 조선 정부가 무능력한 탓은 아닌가요? 괜히 강화도 조약을 탓하지 마세요. 조선 정부가 정신을 차리고 근대화를 이룩해서 부국강병에 힘썼다면 다른 나라와 불평등 조약을 맺는 일 따위는 일어나지 않았을 것입니다.

**황현** 하긴 당신의 말도 옳다고 생각해요. 난 항상 조선

교과서에는

▶ 서양 국가들 가운데 최초로 미국과 조미 수호 통상 조약을 체결하는데, 이 조약 역시 치외 법권, 최혜국 대우, 협정 관세 등이 포함된 불평등한 조약이었습니다.

의 현실을 안타깝게 생각했어요. 만약 민씨 세도 정권이 민심을 바로 세우고 부강한 나라를 만들기 위해 노력했다면 그런 치욕스러운 일은 일어나지 않았을지도 모르지요.

**나카무라 변호사**    일본도 미국에 의해 강제로 개항했습니다. 하지만 조선과 달리 그것을 기회로 삼아 서양 문물을 적극적으로 배우고 도입했습니다. 그 결과 근대화가 이루어졌고, 일본은 아시아에서 제일가는 나라로 성장할 수 있었습니다. 천황에서 일반 백성에 이르기까지 모두 한마음, 한뜻이 되어 열심히 노력했기에 눈부시게 성장할 수 있었던 것입니다. 일본 탓을 하기 전에, 백성들을 외면하고 사리사욕을 채우기에 바빴던 조선의 관리들이야말로 반성해야 할 것입니다.

**황현**    그걸 왜 내게 따지는 거요? 난 아무런 벼슬도 지내지 않은 선비였을 뿐이오. 하지만 나라를 사랑하는 마음으로 그때의 일을 꼼꼼히 기록해서 『매천야록』과 같은 역사책을 남겼지.

**나카무라 변호사**    그건 저도 인정합니다.

**황현**    나도 당신에게 충고하겠소. 조선이 일본의 지배를 받게 된 것은 조선의 내부 사정 때문이기도 했지만, 그보다 더 큰 이유는 바로 당신네 조상들의 침략 야욕에 있었단 말이오. 그때 조선인은 비록 순진하고 국제 사정에 눈이 어둡기는 했지만, 그래도 개화사상을 키워 나가고 있었고 자주 국가를 만들려는 꿈이 있었소. 그런데 당신네 조상들이 서양 열강에게 당했던 방법대로 조선을 침략해 온 거지. 도대체 왜 순진한 조선인이 문제란 말이오?

**나카무라 변호사**    그건 뭐……. 이상 신문을 마치겠습니다.

# 강화도 조약 전문

제1조    조선은 자주국이며 일본과는 평등한 권리를 가진다.

제2조    일본 정부는 지금으로부터 15개월 후, 수시로 사신을 조선 한성에
파견한다.

제3조    양국의 왕래 공문은 일본은 일본어로, 조선은 한문으로 한다.

제4조    부산 초량에는 일본 공관을 두어 무역 사무를 처리하게 하고 일본인
이 왕래 통상하게 한다.

제5조    부산 외에 경기, 충청, 전라, 경상, 함경 5도의 연해 중 통상에 편리
한 항구 2개를 개항한다.

제6조    일본 선박이 조선 연해에서 조난당했을 때 조선은 지원을 다해 주어
야 한다.

제7조    일본 항해자가 자유로이 해안을 측량하고 지도를 제작하도록 허용
한다.

제8조    일본 개항장에 일본 상민을 관리하는 관헌을 설치할 수 있다.

제9조    양국 인민이 무역을 하는 데 있어 양국의 관리는 조금도 관여하지
못하며 제한·금지하지 못한다.

제10조   일본인이 조선의 개항장에서 죄를 범한 경우에는 일본 관헌이, 조선
인이 죄를 범한 것은 조선 관헌이 심판한다.

제11조   통상 장정을 만들어 양국 상민의 편의를 도모함이 마땅하다.

제12조   위 11개조는 이날부터 양국이 영원히 신의를 가지고 준수한다.

**강화도 조약 체결 시 조선의 추가 요구 사항**

1. (개항장 체류 일본인) 상평전 사용을 금지할 것

2. 미곡 교역을 금지할 것

3. 교역은 물물교환만 하고 외상 선매(후불)와 산채 취식(이자 놀이)을 금지할 것

4. 조선은 일본과 수교할 뿐이니 타국인이 섞여 오는 것을 금지할 것

5. 아편과 서교(천주교)는 국법으로 엄금하니, 아편과 서교 관련 서적 수입을 금지할 것

6. 양국의 망명자를 은닉하거나 표류를 가장하여 잠입하는 자는 반드시 적발하여 송환할 것

― 『왜사일기』*, 고종 13년 1월 26일

* 『왜사일기』
  조선 시대의 회의 기관인 의정부에서 편찬한 책으로, 1875년(고종 12)부터 1880년(고종 18) 까지 일본과의 교섭을 기록하여 1880년에 간행했습니다.

왜 강화도 조약은 불평등 조약일까?

# 강화도 조약이 두 나라에 미친 영향은 무엇일까?

**임예리 변호사**   존경하는 판사님, 지금까지 여러 증언을 통해 강화도 조약이 조선에 불평등했다는 것이 명백히 드러났습니다.

**나카무라 변호사**   저는 그렇게 생각하지 않습니다. 지난번 재판에서도 진술했던 것처럼, 한국의 양심 있는 역사학자들은 강화도 조약을 평등한 조약이라고 평가했습니다.

**판사**   그 학자들이 강화도 조약을 평등한 조약이라고 말한 근거는 무엇인가요?

**나카무라 변호사**   가장 큰 이유는, 강화도 조약이 고종의 능동적인 의지에 따라 체결되었다는 점 때문입니다. 쇄국 정책을 편 흥선 대원군과는 달리, 고종은 조선을 개항시켜 서양 문물을 받아들여야 한다고 생각했습니다. 물론 당시 집권 세력이었던 민씨 정권도 마찬가

**아관 파천**
고종과 세자가 1896년 2월 11
일부터 1897년 2월 20일까지
러시아 공사관으로 옮겨서 거처
한 일을 말합니다. 일본 세력에
대한 친러 세력의 반발로 일어
난 사건으로, 이후 조선의 각종
경제적 이권은 일본이 아닌 러
시아로 넘어가게 되지요.

지였지요. 고종은 비록 명성 황후의 그림자에 가려지긴 했
지만 조선의 역대 국왕 중 세조 또는 영조에 버금가는 탁
월한 왕으로 평가받기도 합니다. 그것은 고종이 아관 파천
후에 추진한 여러 가지 개혁 정책을 보더라도 증명됩니다.
고종은 조선의 국기인 태극기를 고안하기도 했으며, 여러
대신들의 뜻을 따라 조선을 황제의 나라인 대한제국으로
바꾸고 왕과 왕실의 호칭을 한 단계 높여 청나라, 일본과
어깨를 나란히 하려고 했습니다. 뿐만 아니라 광무개혁을 추진해 철
도와 전기, 전화를 대한제국에 들여왔으며, 토지 개혁, 교육 개혁을
추진하기도 했지요. 이런 점으로 볼 때 고종이 처음부터 조선을 개
항하려는 의지를 가지고 있었다는 게 분명하며, 그 결과가 바로 강
화도 조약이라 할 수 있는 것입니다.

판사　　나카무라 변호사의 이야기를 들어 보니 오늘 재판을 위해
준비를 많이 한 것 같군요. 하지만 그런 변론은 원고 측 변호인이 하
는 게 좀 더 어울리지 않을까요?

임예리 변호사　　▶고종이 19세기 말부터 광무개혁을 추진하고 그로
인해 대한제국의 근대화가 앞당겨졌다는 것은 인정합니
다. 하지만 그건 나중 일이고, 강화도 조약을 맺을 때의 고
종은 겨우 20대 초반이었습니다. 그땐 외교라든지 국제 관
계를 잘 몰랐다는 뜻이죠. 그래서 고종은 서양과 일본 세
력을 물리쳐야 한다는 유학자들과 개화사상의 선구자들
사이에서 갈팡질팡하다가 마지못해 강화도 조약을 맺기

교과서에는

▶ 고종은 국호를 대한제국
으로, 연호를 광무로 정하
고 자주 국가의 면모를 갖추
고자 하였습니다. 또한 근대
국가로 발전하고자 여러 가
지 개혁을 추진하였지요.

로 한 것일 뿐입니다. 만약 일본이 운요호 사건을 일으키지 않았거나 이번 재판의 피고인 구로다 기요타카 전권대신이 최신식 무기를 갖춘 군인들을 끌고 와 조선 정부를 협박하지 않았다면 결코 불평등한 조약을 맺지 않았을 것입니다.

**나카무라 변호사**   하지만 이제 와서 강화도 조약이 불평등하다고 평가하는 것은 누워서 침 뱉는 격이 아닐까요? 왜냐하면 그 조약은 두 나라 황제가 비준하여 효력을 얻을 수 있었기 때문입니다.

**판사**   나카무라 변호사, 방금 한 말을 국제법을 잘 모르는 방청객들을 위해 쉽게 설명해 주시겠습니까?

**나카무라 변호사**　　비준이란 어떤 조약을 맺을 때 그 나라의 최고 책임자인 왕 또는 대통령, 수상 등이 최종적으로 확인하고 동의하는 절차를 말합니다. 강화도 조약을 맺을 때 일본 천황과 조선 국왕도 이 절차를 마치고 비준서를 **발부**했습니다. 그런데 이제 와서 강화도 조약이 불평등하다고 말하는 것은 그 조약을 확인했던 고종 황제를 인정하지 않는 것과 마찬가지 아닐까요?

**임예리 변호사**　　하지만 고종이 강화도 조약을 비준했더라도 그것은 외교 관례를 모르거나 일본의 압박을 받았기 때문입니다. 만약 고종이 강화도 조약의 내용과 그 안에 담긴 일본의 음모를 알아차렸더라면 결코 비준하지 않았을 게 분명합니다. 무엇보다 피고 측 변호인은 일부 한국인 역사학자의 주장을 진리처럼 내세우고 있지만, 이번 재판의 원고이신 신헌 대감이 기록한 『심행일기』만 하더라도 그 조약이 얼마나 불평등하게 이루어졌는지 자세히 밝히고 있습니다. 그뿐 아니라 한국의 거의 모든 역사학자들과 한국사 교과서들은 한결같이 강화도 조약을 불평등 조약이라고 평가했습니다.

**나카무라 변호사**　　소수의 의견이라고 무시해도 된다고 생각하는 것은 편견입니다.

**임예리 변호사**　　나카무라 변호사는 또 억지를 부리는군요. 난 소수의 의견이니 무시하자고 말한 적이 없습니다. 그래서 『심행일기』를 증거로 제출했던 것이고요. 여기 계신 원고는 피고 구로다 기요타카에 맞서 조선의 입장을 대변한 분입니다. 그리고 그 당시의 상황과 대화 내용, 강화도 조약을 체결하기까지의 과정을 치밀하고 꼼꼼

하게 기록해 두신 분이기도 하지요. 한국의 일부 역사학자가 강화
도 조약이 평등했다고 말하는 것은 그분들의 평가이고 견해일 뿐이
에요. 따라서 그런 평가는 옳을 수도 있고 그를 수도 있어요. 하지만
『심행일기』는 당시 사정을 사실대로 적었기 때문에 피고 구로다 기
요타카가 얼마나 억지를 부렸으며 강화도 조약이 왜 불평등한 것인
지 명백히 보여 주는 것입니다.

나카무라 변호사    임 변호사는 자꾸 『심행일기』를 들먹이지만, 그런
증거는 우리 일본의 정부 문서에도 많습니다. 하지만 나는 치졸하게

그런 걸 증거로 제출하지 않았을 뿐입니다. 왜냐하면 어떤 역사가이든 자기한테 유리한 쪽으로 기록을 남기기 때문이죠. 자신이 상대보다 정의롭지 않다거나 나쁜 짓을 했거나 하는 내용을 사실대로 적을 수 있는 사람이 몇 명이나 될까요?

**임예리 변호사**  그러니까 일본의 문서들에는 강화도 조약을 맺을 때 일본이 조선을 압박했고 따라서 그 조약이 일본에 유리한 것이다,라고 기록되어 있다는 뜻이겠군요?

**나카무라 변호사**  내, 내 말은 역사의 기록이라는 게…….

나카무라는 자신도 구로다 기요타카처럼 말실수를 했다는 생각에 얼굴을 붉히며 쩔쩔맸다.

**판사**  모두 수고하셨습니다. 지금까지 1876년의 강화도 조약이 어떻게 체결되었고 왜 불평등한 것인지를 두고 치열한 변론이 있었습니다. 원고와 피고, 증인들의 진술은 최종 판결에 반영될 것입니다. 잠시 휴정한 뒤 원고와 피고의 최후 진술을 듣고 오늘의 재판을 마치겠습니다.

왜 강화도 조약은 불평등 조약일까?

# 러시아 공사관으로 거처를 옮긴 고종

을미사변을 일으켜 명성 황후를 시해한 일본은 조선에서 큰 영향력을 차지하게 됩니다. 일본의 영향 아래에서 내각이 조직되어 여러 급진적인 개혁이 단행되었지요. 여러 가지 개혁 중 특히 머리카락을 자르라는 '단발령'의 실시는 국민들의 분노를 불러일으켜 전국 각지에서 의병 항쟁이 일어나는 도화선이 되기도 합니다.

자신들을 지지하던 명성 황후가 죽자 러시아는 조선에서 영향력이 약해지게 됩니다. 그래서 조선에서 다시 세력을 키울 수 있는 방법을 찾기 시작했지요. 당시 러시아 외교관으로 조선에 와 있던 베베르는 고종에게 접근하여 신임을 얻게 됩니다. 명성 황후가 죽고 신변에 불안을 느끼고 있던 고종은 러시아 공사 베베르와 협의하여 러시아 공사관으로 몸을 옮기기로 결정하지요. 이를 '러시아 공관으로 옮겨서 거처하다'란 뜻으로 '아관 파천'이라고 부릅니다. '아관'은 러시아 공사관을, '파천'은 임금이 도성을 떠나 다른 곳으로 거처를 옮기는 것을 뜻하지요. 1896년 2월 11일 러시아 공사관으로 거처를 옮긴 고종은 곧바로 친일 세력인 김홍집 등 조정의 대신들을 반역죄로 체포하고 새로운 내각을 구성하게 됩니다. 고종이 러시아 공사관으로 거처를 옮기자, 조선에서 러시아의 영향력은 매우 커지게 되었답니다. 고종은 1897년 2월 20일까지 러시아 공사관에서 국가 업무를 보게 되지요.

**다알지 기자**

　재판이 막바지에 접어든 가운데 휴정 시간을 맞았습니다. 지난 시간에는 원고와 피고, 또 원고와 피고를 대변하는 변호사들을 인터뷰했으니, 이번 시간에는 오늘 참여한 방청객들과 인터뷰를 해 보도록 하겠습니다. 먼저 키가 훤칠하게 크신 신사분입니다. 자기소개를 해 주시겠습니까?

**후지모리**

아, 저는 나카무라 변호사의 친구인 후지모리
입니다. 보시다시피 키가 크고 미남이란 소리를
듣고 있는데요, 명문가에서 태어난 데다 학벌도 좋
습니다. 하지만 저는 저보다 키도 작고 못생긴 나카무라
변호사와 친구가 되어 잘 지내고 있지요. 당시 강화도 조약도 이와 마
찬가지라고 생각합니다. 먼저 개화를 해서 발전한 일본이 꽁꽁 문을
닫아걸고 있는 조선에게 손을 내민 것입니다. 그리고 강화도 조약이
자꾸 불평등 조약이네 어쩌네 하는데 이것도 억지입니다. 강화도 조약
을 비준한 것이 누구입니까? 바로 조선의 당시 국왕이었던 고종 아니
었습니까? 따라서 강화도 조약은 양 국가 간의 일반적인 통상 조약이
었을 뿐이지요.

유대치

음음! 나도 한마디 하겠습니다. 내 생각을 얘기하기 전에 내 소개부터 해야겠군요. 난 개화사상의 선구자로 손꼽히는 유대치입니다. 당시에 '백의정승'이란 별명을 가지고 있었고, 비록 과거에 급제해 관리가 되진 않았지만 정승처럼 추앙받았지요. 내 입으로 얘기하긴 그렇지만, 김옥균 등 개화당 제자들을 지도해 박규수 대감, 오경석 선생과 함께 개화사상의 3대 선구자로 손꼽히고 있습니다. 이번 재판의 원고인 신헌 대감은 강화도 조약이 불평등한 것이라며 소송을 제기했는데, 난 반드시 그런 건 아니라고 생각합니다. 다만 국제 사회의 관계라는 것도 개인들의 관계처럼 상대방의 입장에서 자기 쪽을 보아야 승산이 있다는 건 분명하지요. 지피지기면 백전백승이다, 다시 말해 적을 알고 나를 알면 100퍼센트 이길 수 있다는 말이 있지 않습니까? 그것처럼 강화도 조약을 맺을 때에도 조선 사신들은 그런 준비가 필요했다는 뜻입니다. 당시 조선은 내부적으로 갈팡질팡했으며 일본의 군사적인 압박을 받았기에 그럴 만한 형편이 아니었잖습니까? 부끄럽든 자랑스럽든 우린 역사가 남긴 교훈을 통해 새로운 미래를 설계해야 합니다. 아무튼 이번 재판에서 불평등했느냐 아니냐를 따지는 것도 중요하겠지만, 만약 불평등한 조약이었다면 왜 그런 상황을 맞게 되었는지 냉철히 분석하고 다시는 그런 잘못을 반복하지 않겠다는 교훈을 얻기를 바라는 마음입니다.

왜 강화도 조약은 불평등 조약일까?

# 강화도에는
## 어떤 유물이 있었을까요?

### 동경

고려 시대에 만들어진 것으로 추정되는 유물로 인천광역시 강화군 강화읍에서 출토되었습니다. 구리로 만든 거울로, 구리판의 표면을 잘 다듬고 문질러 얼굴을 비추어 볼 수 있게 했습니다. 뒷면에 문양을 새겨 아름답게 장식한 것이 특징이지요. 청동기 시대에 만들어졌으며, 거울의 면은 오목한 것과 볼록한 것, 편평한 것이 있었습니다. 유리 거울이 일반화되기 전까지 많이 사용되었지요.

## 석인상

석인상이란 돌로 사람의 형상을 만든 조형물을 가리킵니다. 특히 석인상 중에는 문관의 복장을 하고 있는 것과 무관의 복장을 하고 있는 것이 있어 복장을 보고 석인상의 신분을 알 수 있습니다. 사진 속의 석인상은 고려 시대의 유물로, 머리 부분만 남아 있습니다. 강화군 양도면에서 출토되었지요.

## 청자 잔

고려 시대의 대표적인 유물로 '청자'를 들 수 있습니다. 청자는 자기의 일종으로 청색을 띠는 것이 특징이지요. 중국에서 처음 만들어졌으며, 한국에 전해져 특히 고려 시대에 높은 수준을 이루었습니다. 사진 속의 유물은 청자로 만든 잔으로, 차 등을 담아 마시는 데 사용되었습니다. 강화읍에서 출토되어 현재 강화역사박물관에 소장되어 있습니다.

## 소포

조선 시대의 작은 화포인 소포는 탄환에 불을 붙여 멀리까지 날릴 수 있는 무기입니다. 강화도가 조선의 군사적 요충지였던 만큼 소포는 반드시 필요한 무기 중 하나였지요. 사진 속의 유물은 금속으로 만들어진 것으로, 강화군 길상면에서 출토되어 강화역사박물관에서 보관 중입니다.

## 강화 동종

조선 시대 숙종 37년인 1711년에 강화 유수 윤지완이 주조한 것을 이후 민진원이 정족산성에서 지금과 같은 형태로 다시 주조한 종입니다. 꼭대기에 복잡하게 얽혀 있는 용이 장식되어 있는 것이 특징입니다. 금속으로 제작되었으며, 강화군 강화읍에서 출토되어 보물로 지정되었지요.

출처: 강화역사박물관(http://museum.ganghwa.go.kr)

# 아시아의 평화를 깨뜨린 일본은 반성하시오
## VS
# 조선은 강화도 조약 덕분에 개화가 시작되었소

**판사** 마지막으로 원고와 피고의 최후 진술을 듣고 판결을 내리겠습니다. 두 분의 진술은 배심원단과 판사인 내가 작성할 판결문에 중요한 영향을 주는 것이므로 신중하게 발언하시기 바랍니다. 먼저 원고 측, 진술하세요.

**신헌** 나는 조선 후기의 대신으로서 조선 최초의 근대적인 국제 조약인 강화도 조약에 협상 대표로 참여했습니다. 그것은 영광스러운 일이기도 했지만 한편으로는 역사에 죄를 남기는 일이기도 했습니다. 그 이유는 이번 재판에서 여러 차례 밝혀진 것처럼 강화도 조약이 불평등했기 때문입니다.

나는 무관으로 벼슬을 시작했어요. 병인양요를 겪은 뒤로는 조선의 대포를 상하좌우로 조절할 수 있게 개선했으며 물속에서 폭파하는 '수뢰포'를 제작하기도 했습니다. 그 공로를 인정받아 종1품 숭록대부에까지 올랐는데, 무관이면서도 시와 서예 수준이 매우 높아 유학에 밝은 장수라는 뜻에서 '유장'이 란 별명을 얻기도 했지요. 나는 비록 나라를 지켜야 할 대신이며 무 관이었지만 개화사상에 밝은 박규수 대감 등과 교류가 많았고, 내가 강화도 조약 당시 전권 대관으로 추천받은 것도 그 때문이었습니다.

지금처럼 강화도 조약이 불평등한 조약으로 평가받는 근거는 수 없이 많습니다. 그리고 그렇게 된 이유는, 당시 조선의 국력이 약했 으며 나를 비롯한 협상 대표들이 국제 정세에 어둡고 외교 관례를 몰랐기 때문이었습니다. 그때만 해도 조선은 전통적인 외교 정책인 '사대 교린'의 원칙에서 한 발자국도 나가지 못하고 있었지요. 유학 자이기도 했던 내가 조약의 협상 대표로 임명받은 것 자체가 당시의 사정을 잘 설명하고 있습니다.

그렇다 해도 이번 재판의 피고인 구로다 기요타카는 협상 당사자 인 나뿐만 아니라 조선 조정, 더 나아가 고종 황제를 철저히 기만하 고 협박해 강화도 조약 체결을 강요했습니다. 그렇게 체결된 강화도 조약을 통해 일본은 조선을 경제적으로 침략하기 시작했으며, 차츰 군사적 · 정치적으로 간섭해 마침내 조선을 강제 점령하기에 이른 것입니다.

이에 따라 나는 당시 국제 사정에 무지했던 책임에도 불구하고 조 선을 능멸한 일본 대신 구로다 기요타카와 일본 정부에 소송을 제기 한 것이며, 뒤늦게나마 일본에 그 책임을 묻고자 합니다.

**능멸**
업신여기어 깔보는 것을 말합니다.

**판사** 이번에는 피고 측 최후 진술을 듣겠습니다.

**구로다 기요타카** 에, 또! 이번 재판에서 밝혀진 것처럼 강화도 조약은 결코 불평등하지 않았고 내가 조선 정부와 신헌 대감을 기만한 일도 없습니다. 그러니까 나는 왜 내가 피고가 되었는지 이해할수가 없어요. 나는 일본 정부를 대신해서 천황 폐하의 명을 받고 협상에 나선 대표자입니다. 신헌 대감도 마찬가지입니다. 따라서 나는 신헌 대감에게 개인적인 감정이 없는데 신헌 대감은 그렇지 않은 것같군요. 우리 일본에선 공(公)과 사(私)를 구분하지 못하는 사람은 바보 취급을 받는데, 조선에서는 괜찮은가요?

원고 측에선 줄곧 강화도 조약을 맺기 전에 일본이 운요호 사건 등 무력으로 조선을 협박해 협상장에 나오도록 했다고 말하는데 그건 사실과 다릅니다. 이번 재판에서 밝혀진 것처럼 일본은 메이지 정부가 성립된 후 새로운 외교 관계를 맺기 위해 조선 정부에 외교 문서를 보냈습니다. 그런데 조선 정부는 몇몇 용어를 문제 삼아 그 문서를 무려 일곱 차례나 거절했습니다. 이것은 조선이 일본을 철저히 무시한 처사이며, 서로 적국이 되어 전쟁을 하자는 것이나 마찬가지 아닐까요? 생각해 보십시오. 어떤 사람이 이웃 사람과 친하게 지내자며 편지를 보냈는데 그 이웃 사람이 너와는 친하게 지낼 생각이 없다며 일곱 번이나 거절한다면 얼마나 화가 나겠습니까?

그래서 일본은 이래서는 안 되겠구나 싶어 운요호를 보내 조선 정부에 경고한 것인데, 이번엔 강화도 초지진 병사들이 일본 함대에 선제공격을 퍼부었던 겁니다. 사정이 이런데도 우리가 일방적으로

왜 강화도 조약은 불평등 조약일까?

조선을 협박해 강화도 조약을 맺었다고 항변하니 답답하군요.

　그리고 강화도 조약으로 인해 조선이 일본에게 강제 점령당하게 되었다고 말하는데, 그것도 아무 근거가 없습니다. 왜냐하면 조선은 강화도 조약 덕분에 문호를 열고 개화가 시작되었으며 비로소 근대 국가로 성장할 수 있었기 때문입니다. 그렇다면 조선은 일본에 감사해야 하는데 오히려 이처럼 소송을 제기하니 참으로 답답하고 억울합니다. 결론적으로 강화도 조약은 결코 불평등한 조약이 아닙니다. 판사님의 현명한 판결을 기대합니다.

판사　좋습니다. 지금까지 재판에 참여했던 양측 변호사와 배심원단, 방청객, 그리고 끝까지 자리를 함께한 기자 여러분들 모두 수고 많으셨습니다. 배심원의 판결서는 4주 후에 저에게 전달될 예정이며 이를 참고하여 4주 후에 판결문을 공개하겠습니다. 그때까지 방청객과 기자 여러분들도 이번 재판에 대해 각자 판결을 내려 보시기 바랍니다.

　땅, 땅, 땅!

### 역사공화국 한국사법정 재판 번호 47 신헌 vs 구로다 기요타카

---

## 주문

역사공화국 한국사법정은 원고 신헌이 피고 구로다 기요타카를 상대로 제기한 불평등한 강화도 조약 체결에 따른 정신적 손해 배상 청구를 인정한다.

---

## 판결 이유

원고 신헌은 피고 구로다 기요타카와 일본 정부가 조선을 지배할 목적으로 운요호 사건 등 무력으로 조선을 협박해 강화도 조약을 체결하게 함으로써 그 조약이 불평등한 내용으로 이루어졌고 조선의 협상 대표였던 피고의 명예가 훼손당했을 뿐만 아니라 훗날 대한제국이 일제의 지배를 받게 되는 중요한 원인이 되었다고 주장한다.

이에 대해 피고는 조선 정부가 일본의 외교 문서를 거절한 것은 근대적인 국제 관례를 무시한 행위이므로 조선에 경고하기 위해 운요호를 파견한 것이며 궁극적으로 조선을 근대화하려는 목적으로 강화도 조약을 요구한 것일 뿐 조약이 결코 불평등하지 않음을 진술하였다.

원고의 주장처럼 강화도 조약은 제1조를 제외하고는 모두 일본 측에 유리한 내용으로 기록되어 있다. 뿐만 아니라 제1조도 당시 사대 교린이란 외교 정책을 유지하고 있던 조선을 유혹해 청나라가 누리던 조선에 대한 지배권을 일본이 대신 차지하려는 의도로 평가되고 있다.

　일본은 서양 열강에게 강제로 문호를 개방당한 뒤 메이지 유신을 추진해 아시아의 강대국으로 성장할 수 있었다. 하지만 청나라와 국경을 접하고 있던 조선은 당시 사대 교린 정책과 흥선 대원군의 강력한 쇄국 정책에 따라 자주적으로 문호를 열 형편이 아니었다. 이에 따라 프랑스, 미국 등 서구 열강이 무력으로 강화도를 점령하는 두 차례의 양요가 일어났지만 결국 조선을 개항시키는 데 실패했다. 서구 열강은 자신들이 이루지 못한 조선의 문호 개방을 일본이 대신 추진하도록 지원했으며, 당시 조선을 교두보 삼아 중국 대륙으로 진출하려던 일본은 그런 기회를 이용해 강화도 조약을 강요했다고 볼 수 있다.

　하지만 강화도 조약이 체결되기까지의 과정은 차치하더라도, 조약 자체의 내용이 일방적으로 일본에 유리하므로 강화도 조약이 불평등 조약이라고 하는 원고의 주장은 타당하다 할 수 있다. 또한 증언과 증거 자료를 통해 일본이 무력으로 위협하여 조약을 맺도록 강요하였음이 드러난 만큼 피고는 원고에게 그에 합당한 배상을 하도록 원고 승소 판결을 내리며 이번 재판을 마무리한다.

역사공화국 한국사법정 담당 판사 공정한

# "이참에 역사 전문 변호사로 자리 잡을까?"

역시 내 미모를 걸고 이번 재판을 승리로 이끌겠다는 꿈은 이루어졌다. 어쩌면 이 역사공화국이란 별이 내겐 행운의 별인지도 모르겠군. 그렇다면 특별히 선택받은 사람들만 온다는 이 별에 눌러앉아 볼까?

그런데 문제가 생겼다. 승소하여 명예를 회복하게 된 신헌 대감이 근사하게 저녁 식사를 대접한다고 역사공화국 최고의 레스토랑으로 초대했는데, 그곳에서 후지모리를 만날 줄이야!

나카무라의 친구 후지모리는 내가 신헌 대감의 변호를 맡는다고 하자 아예 작정을 하고 역사공화국으로 이주를 했단다. 그러고는 뻔뻔하게 내 연락을 기다린다는 인터뷰를 했는데, 그 방송이 한동안 인터넷 검색 순위 1위에 기록되었던 것이다.

뭐 후지모리는 자기 말처럼 키가 훤칠하고 미남이긴 하다. 게다가 훌륭한 가문에서 태어나 명문 대학에 외국 유학까지 마쳤으니 나도 호기심이 생기긴 했다.

하지만 연애를 할 때에도 계약서를 만들어야 한다니……. 그것도 순전히 불평등한 내용으로 이루어졌다니……. 그건 강화도 조약의 불평등함을 낱낱이 밝히고 신헌 대감의 명예를 회복시켜 준 내겐 참을 수 없는 모욕이었다. 그래서 후지모리와 눈이 마주친 순간 나는 맛있게 먹은 파스타가 도로 꾸역꾸역 올라오는 줄 알았다.

그런데 그 인간이 내게 슬며시 다가오더니 씨익 웃는 게 아닌가. 아니, 저건 방송에서도 못 보던 모습이다. 얼굴은 멀쩡한데 입을 여는 순간 뻐드렁니와 함께 이 사이에 낀 방금 먹은 음식 찌꺼기가 드러났던 것이다.

우욱!

"저기, 임예리 변호사시죠?"

아휴! 고약한 입 냄새가 2미터나 떨어져 있는 내게까지 풍기고 있다. 나는 그만 코를 감싸 쥐면서 고개를 돌렸다. 그러자 이번엔 내게 패배당한 나카무라가 식탁에 앉아 있는 게 보였다.

"전 임 변호사와 인연을 맺고 싶어요. 그래서 이 별까지 일부러 날아온 게 아닙니까?"

"그거야 그쪽 사정이고, 난 할 말이 없단 말예요. 그만 비켜 주세요."

"그런데 혹시 임변사모의 카페지기가 나였다는 건 알고 계셨습니까?"

허걱! 이건 무슨 안드로메다가 기절초풍할 이야기?

"몰랐어요. 그래서 어쩌란 말이죠? 어쨌든 그쪽이 임변사모를 운영하든 말든 난 관심 없으니까 맘대로 하세요."

"당신이 원한다면 연애 계약서 따위는 쓰지 않도록 할게요. 만약 쓰게 되더라도 당신에게만 유리한 내용으로 쓸게요. 그러니 제발……."

나는 후지모리의 말을 뒤로한 채 재빨리 레스토랑을 빠져나갔다. 아직도 앉아 있던 나카무라의 웃음소리가 자꾸만 귓가에서 맴돌았다. 흥, 재판에서 진 주제에 이렇게 고급 레스토랑에서 밥을 먹다니. 게다가 뭐가 좋다고 웃는 거야?

재판에서 이겼다고 잔뜩 들떠 있던 나는 갑자기 역사공화국이 싫어졌다. 아무래도 또 다른 별을 찾아야 하나?

문득 지구에서 살던 때가 떠올랐다. 그러고 보니 그 시절이 참 좋았던 것 같다. 학교와 학원을 다니느라 날마다 파김치가 되었던 청소년 시절도 그립고 친구들과 아웅다웅 다투던 일도 그립다. 그렇게 아름답던 지구에서의 생애는 왜 짧았던 것일까? 아무튼 이 타고난 미모가 문제라니까.

기진맥진한 채 사무실로 돌아와 보니 축하 메일과 선물이 산더미처럼 쌓여 있었다. 그중엔 한국의 근현대사를 알아야 이길 수 있는 재판 의뢰 메일도 제법 많았다. 후지모리가 날 포기하고 떠나간다면 역사 전문 변호사로 이 역사공화국에서 활약할 수도 있을 텐데…….

# 우리나라 역사의 현장, 강화도

　강화도는 인천광역시 강화군에 속한 섬입니다. 세계 문화 유산으로 지정된 고인돌 유적지와 단군왕검이 세 아들을 시켜 쌓았다는 삼랑성, 참성단 등이 있는 역사적인 장소이지요. 또한 우리나라 최초로 외국과 맺은 조약이자 불평등 조약인 강화도 조약이 체결된 장소이기도 합니다. 그렇다면 강화도에서는 어떤 역사적 현장을 만날 수 있을까요?

　강화도는 한강의 관문이라는 특성상 대대로 주요 접전지 중 하나이자 외국의 문물이 들어오는 통로이기도 했습니다. 그래서 조선 후기에 병인박해를 구실로 프랑스 함대가 강화도로 쳐들어오는 병인양요가 일어났을 때에도 강화도의 외규장각이 약탈을 당하는 등 큰 피해를 입게 됩니다. 강화도에 있는 초지진 역시 역사가 깃든 장소인데, 바

강화성을 공격하는 프랑스와
병인양요

강화역사박물관

다로 침입하는 외적을 막기 위해 조선 효종이 1656년에 만든 요새입니다. 1875년에는 강화도를 침공한 일본의 운요호를 맞아 치열한 전투를 벌였던 곳이기도 하지요.

또한 강화도에 가면 2010년에 개관한 강화역사박물관을 만날 수 있습니다. 강화고인돌공원 내에 위치하고 있는 이 박물관에서는 강화에서 출토된 유물들을 중심으로 선사 시대부터 근현대까지 강화도의 역사와 문화를 체계적으로 살펴볼 수 있습니다.

**찾아가기** 주소  인천광역시 강화군 하점면 강화대로 994-19
전화  032-934-7887
관람 시간  09:00~18:00(매주 월요일, 1월 1일, 설날, 추석 휴관)

『역사공화국 한국사법정 47 왜 강화도 조약은 불평등 조약일까?』와
관련한 논술 문제를 풀어 봅시다.

※ 다음 제시문을 읽고 물음에 답하시오.

(가) 쇄국 정책을 고수하던 일본은 미국의 강요로 개항을 하게 됩니
다. 당시 미국과 맺은 조약은 불평등 조약이었고, 이후 여러 열
강들과도 불평등한 조약을 차례차례 맺게 되지요. 이러한 상황
이 되자 일본 국민들은 정부를 불신하게 되고, 새로이 메이지
정부가 들어서게 됩니다. 새로운 정부의 개혁 아래 일본은 근대
국가로 변모하게 되지요.

　새로운 개혁은 많은 변화를 주었지만, 과중한 세금 제도 등으
로 국민들은 조금씩 불만이 생기게 됩니다. 이런 와중에 조선을
침략하자는 '정한론'이 대두됩니다. 조선을 차지하면 일본은 대
륙으로 진출하기 용이하고 일본 내부에서 생긴 불만들을 밖으
로 돌릴 수 있다는 이점이 있었기 때문입니다.

(나) 1880년 수신사 자격으로 일본에 다녀온 김홍집은 일본에서
『조선책략』을 가지고 왔습니다. 이 책을 쓴 황준헌은 청나라의
외교관이었지요. 그가 쓴 책의 내용은 다음과 같습니다.

"조선이라는 땅덩어리는 실로 아
시아의 요충을 차지하고 있어 그
형세가 반드시 다툼을 불러오는 것
이나 조선이 위태로우면 중동의 형
세도 위급해진다. 따라서 러시아가
강토를 공략하려 한다면 반드시 조
선이 첫 번째 대상이 될 것이다. 러
시아를 막을 수 있는 조선의 책략

김홍집

은 무엇인가? 오직 청나라와 친하고 일본과 맺고 미국과 연합
함으로써 자강을 도모하는 길뿐이다."

1. (가)는 강화도 조약 당시 일본의 정세에 관한 내용이고, (나)는 『조선
   책략』이라는 책에 담긴 내용입니다. (가)와 (나)를 읽고 당시 조선이
   처한 상황에 대해 쓰시오.

-----------------------------------------------------------------

-----------------------------------------------------------------

-----------------------------------------------------------------

-----------------------------------------------------------------

-----------------------------------------------------------------

-----------------------------------------------------------------

-----------------------------------------------------------------

-----------------------------------------------------------------

※ 다음 제시문을 읽고 물음에 답하시오.


(가) • 5개 항구에서 통상을 허용한다.

　　 • 홍콩을 영국에 할양한다.

　　 • 공행을 폐지하고 자유롭게 통상한다.

- 난징 조약

　　 • 영국의 영사 재판권을 인정한다.

　　 • 청나라는 영국의 최혜국 대우를 인정한다.

- 후먼 추가 조약


(나) • 미국 선박에 연료 및 식량을 공급한다.

　　 • 2개 항구의 개항과 영사의 주재를 인정한다.

　　 • 미국의 최혜국 대우를 인정한다.

- 미일 화친 조약

　　 • 5개 항을 개항하고 에도, 오사카의 시장을 개방한다.

　　 • 일본의 관세를 상호 협의하여 결정한다.

　　 • 미국의 영사 재판권을 인정한다.

- 미일 수호 통상 조약


(다) • 조선은 자주국이며 일본과는 평등한 권리를 가진다.

　　 • 부산 초량에 일본 공관을 두어 무역 사무를 처리하게 하고
　　　일본인이 왕래 통상하게 한다.

- 부산 외에 경기, 충청, 전라, 경상, 함경 5도의 연해 중 통상에 편리한 항구 2개를 개항한다.
- 일본 항해자가 자유로이 해안을 측량하고 지도를 제작하도록 허용한다.
- 양국 인민이 무역을 하는 데 있어 양국의 관리는 조금도 관여하지 못하며 제한·금지하지 못한다.
- 일본인이 조선의 개항장에서 죄를 범한 경우에는 일본 관헌이, 조선인이 죄를 범한 것은 조선 관헌이 심판한다.

  — 강화도 조약

2. (가)는 청나라와 영국이 맺은 난징 조약과 후먼 추가 조약이고, (나)는 일본이 미국과 맺은 미일 화친 조약과 미일 수호 통상 조약입니다. (다)의 강화도 조약과 어떤 점이 같은지 서술하시오.

-------------------------------------------------------------
-------------------------------------------------------------
-------------------------------------------------------------
-------------------------------------------------------------
-------------------------------------------------------------
-------------------------------------------------------------
-------------------------------------------------------------
-------------------------------------------------------------
-------------------------------------------------------------

해답 1 (가)는 운요호 사건을 일으켜 강화도 조약을 맺을 당시의 일본의 상황을 나타내는 글로, 이 글을 보면 일본에서 조선을 치자는 '정한론'이 대두되었음을 알 수 있습니다. 또한 (나)를 보면 당시 조선 주위의 나라들이 조선에 크게 관심을 두고 있었음을 알 수 있지요. 러시아, 청나라, 일본, 미국 등 여러 나라들이 서로 세력이 커지는 것을 견제하고 있었기 때문입니다. 특히 러시아의 세력이 커지는 것을 두려워해 조선을 자신의 영향력 아래 두려는 청나라의 속셈이 고스란히 담겨 있습니다.

사람이 혼자서는 살 수 없는 것처럼 국제 사회에서 나라도 주위의 여러 나라들과 다양한 관계를 맺고 있습니다. 특히 조선처럼 군사적 요충지에 위치한 나라일 경우에는 자의이건 아니건 간에 많은 영향을 받을 수밖에 없지요. 대륙으로 진출하고자 한 일본의 입장에서는 가장 첫 번째로 손아귀에 넣어야 할 나라가 조선이었을 것이며, 해양으로 뻗어 나가고자 한 러시아의 입장에서도 역시 가장 필요한 나라가 조선이었을 것입니다. 청나라 역시 조선이 일본이나 러시아 중 한 나라의 수중에 들어가면 불편한 상황이었지요. 때문에 세계 여러 나라들이 조선의 행보에 큰 관심을 갖고 있었습니다.

해답 2 (가)는 1842년에 체결된 난징 조약과 이듬해에 체결된 후먼 추가 조약으로, 아편 전쟁에서 패배한 청나라가 영국과 맺은 불평등 조약입니다. 또한 (나)는 1854년에 일본과 미국이 맺은 미일 화친 조약과 1858년에 맺은 미일 수호 통상 조약이지요. (다)는 운요호

왜 강화도 조약은 불평등 조약일까?

사건을 계기로 1876년에 맺은 강화도 조약입니다.

청나라, 일본, 조선이 다른 나라와 처음으로 맺은 통상 조약이라는 공통점이 있는 이 조약들은 이외에도 여러 가지 공통점이 있습니다. 먼저 항구를 개항한다는 점이 같습니다. 난징 조약을 통해 청나라는 영국에 5개의 항구를 개항해야 했고, 일본은 미일 화친 조약과 미일 수호 통상 조약을 통해 항구와 시장을 열어야 했지요. 마찬가지로 조선도 일본에 항구를 개항하여 통상을 허락하게 됩니다. 그리고 각 나라의 재판권이 아닌 다른 나라의 재판권을 인정한다는 내용이 조약에 들어 있는 것이 공통점입니다. 이는 조선에서 일본인이 큰 죄를 지어도 조선의 법으로는 벌을 줄 수 없다는 것을 의미하지요. 불평등한 조약임을 단적으로 드러내는 부분이라 하겠습니다.

\* 해답은 예시로 제시된 내용입니다.

역사공화국 한국사법정 47

# 왜 강화도 조약은 불평등 조약일까?

ⓒ 이정범, 2012

초판 1쇄 발행일  2012년 5월 25일
초판 6쇄 발행일  2024년 1월 1일

지은이      이정범
그린이      고영미
펴낸이      정은영

펴낸곳      (주)자음과모음
출판등록    2001년 11월 28일 제2001-000259호
주소        10881 경기도 파주시 회동길 325-20
전화        편집부 (02) 324-2347  경영지원부 (02) 325-6047
팩스        편집부 (02) 324-2348  경영지원부 (02) 2648-1311
이메일      jamoteen@jamobook.com

ISBN  978-89-544-2347-2 (44910)